書下ろし

とっておき京都

―NO.1ハイヤードライバーがこっそり教えます―

中村壽男

イラスト／すげさわ かよ

祥伝社黄金文庫

本書は、祥伝社黄金文庫のために書き下ろされた。

まえがき

はじめまして。

私は京都で、ハイヤードライバーをしております。

毎日のように、国内外のお客様のおともをさせていただきますが、お客様からはいろいろなご要望がございます。

「京都の魅力を、できるだけ短時間で満喫したい」という方から、

「ゴールデンウィークでも混雑していない場所に案内してほしい」

「秋の紅葉を、できるだけ人の少ないところで楽しみたい」

「葵祭を一番いい場所で見てみたい」

といったリクエストまで、実にさまざまです。時には、私が予想もつかないようなご希望もございます。数年前にはタイのお坊様から、おそばのだしに鰹節や煮干を使わないでほしい、というご要望があって驚きました（このときは、そば店のご主人が専門書を取り寄せてレシピを研究してくださいました）。

お客様からのさまざまなご注文は、時として無理難題のようなこともございますが、私なりに必死で努力して、おこたえしてまいりました。

その結果、ガイドブックなどとは一味違う、生きた知識を得てきたように思います。本書では、私が存じております、そんな京都のあれこれを語らせていただきました。

お客様が京都を訪れる季節に合わせ、春夏秋冬、それぞれお薦《すす》めのコースをご紹介しております。また、初めて京都を訪れる方向けのコースもございます。

冒頭には、私のハイヤーに乗車されたイラストレーター・すげさわかよさんのルポも載っておりますので、ぜひお読みください。

京都には毎年四〇〇〇万人以上もの方が観光にお見えです。二〇〇五年は四七四〇万人でした。また、二〇〇四年からは「京都検定」が始まり、これも人気を呼んでいるようです。

この本を通して京都の魅力を伝えることができたら、そして京都好きの方がさらに増えてくださったら、たいへん嬉《うれ》しく思います。

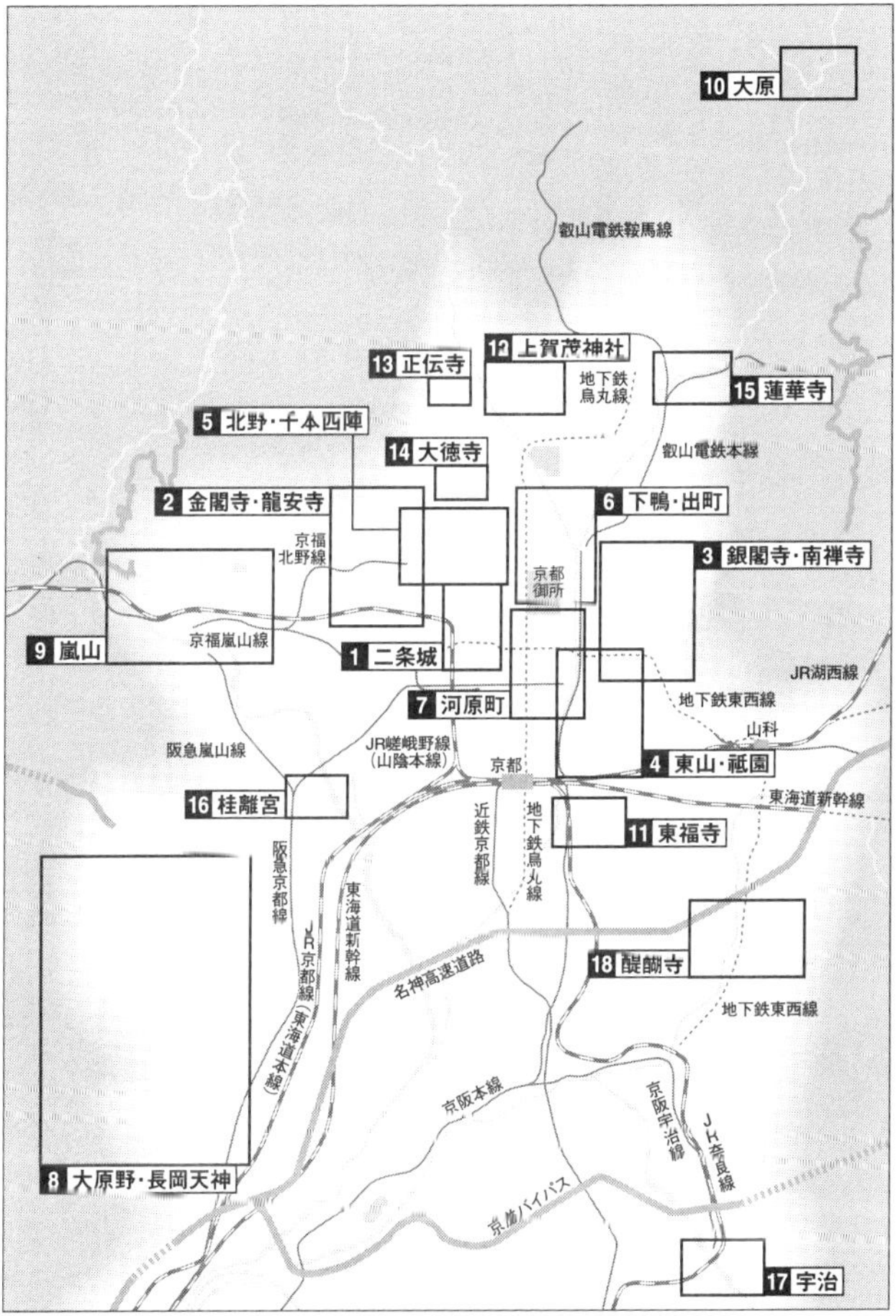

この本で紹介するエリア

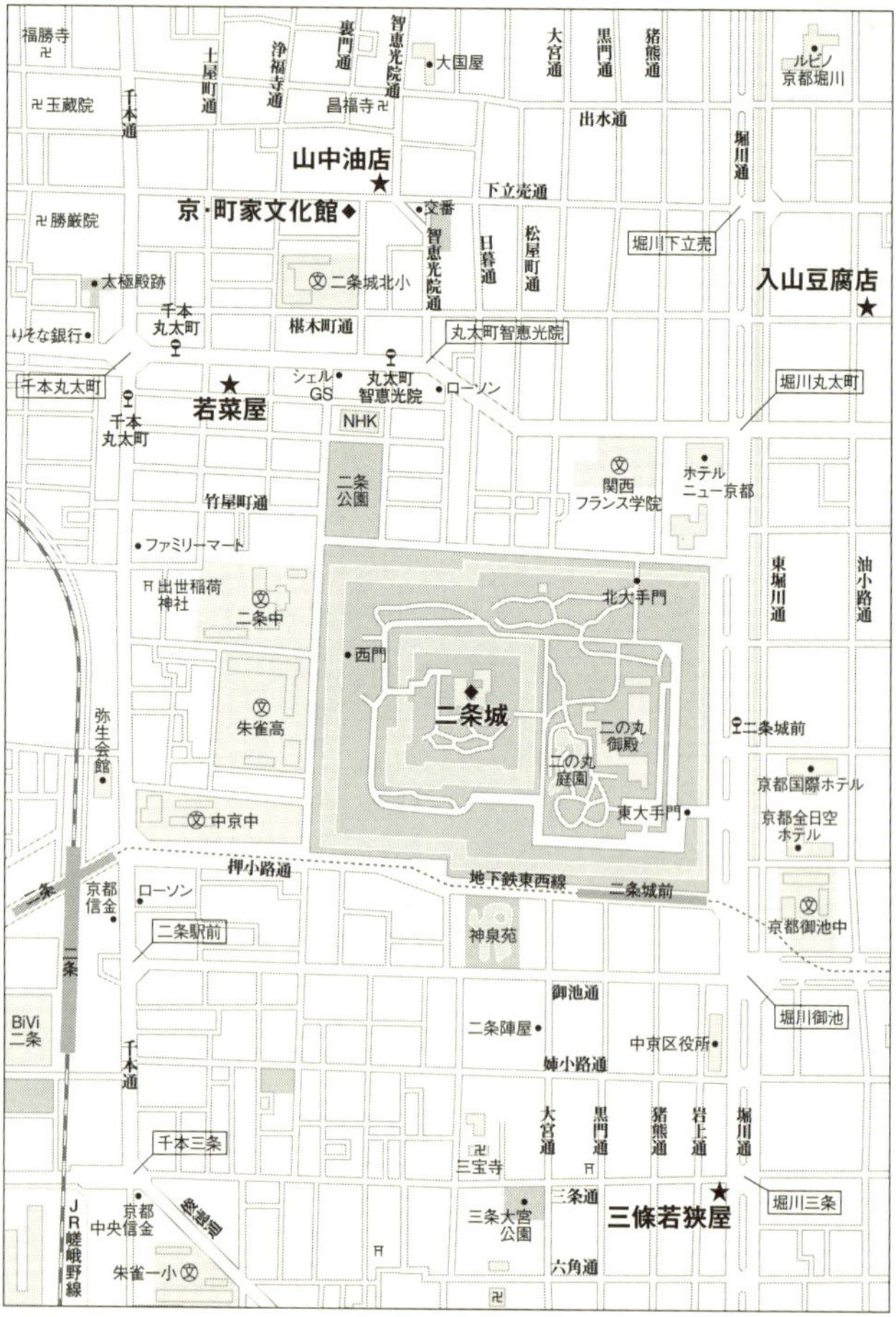
福勝寺
玉蔵院
勝巌院
太極殿跡
りそな銀行
千本丸太町
千本
丸太町
若菜屋
千本
丸太町
千本通
土屋町通
浄福寺通
裏門通
智恵光院通
大国屋
大宮通
黒門通
猪熊通
ルビノ
京都堀川
昌福寺
出水通
山中油店
堀川通
下立売通
京・町家文化館
交番
智恵光院通
日暮通
松屋町通
堀川下立売
入山豆腐店
二条城北小
椹木町通
丸太町智恵光院
シェル
GS
丸太町
智恵光院
ローソン
堀川丸太町
NHK
二条
公園
関西
フランス学院
ホテル
ニュー京都
竹屋町通
ファミリーマート
出世稲荷
神社
二条中
北大手門
東堀川通
油小路通
西門
二条城
朱雀高
二の丸
御殿
二の丸
庭園
弥生会館
二条城前
京都国際ホテル
京都全日空
ホテル
中京中
東大手門
押小路通
地下鉄東西線
二条城前
二条
京都
信金
ローソン
神泉苑
京都御池中
二条駅前
二条
御池通
堀川御池
BiVi
二条
二条陣屋
中京区役所
姉小路通
千本通
大宮通
黒門通
猪熊通
岩上通
堀川通
千本三条
三宝寺
三条通
三條若狭屋
堀川三条
京都
中央信金
後院通
三条大宮
公園
JR
嵯峨野線
朱雀一小
六角通

①二条城

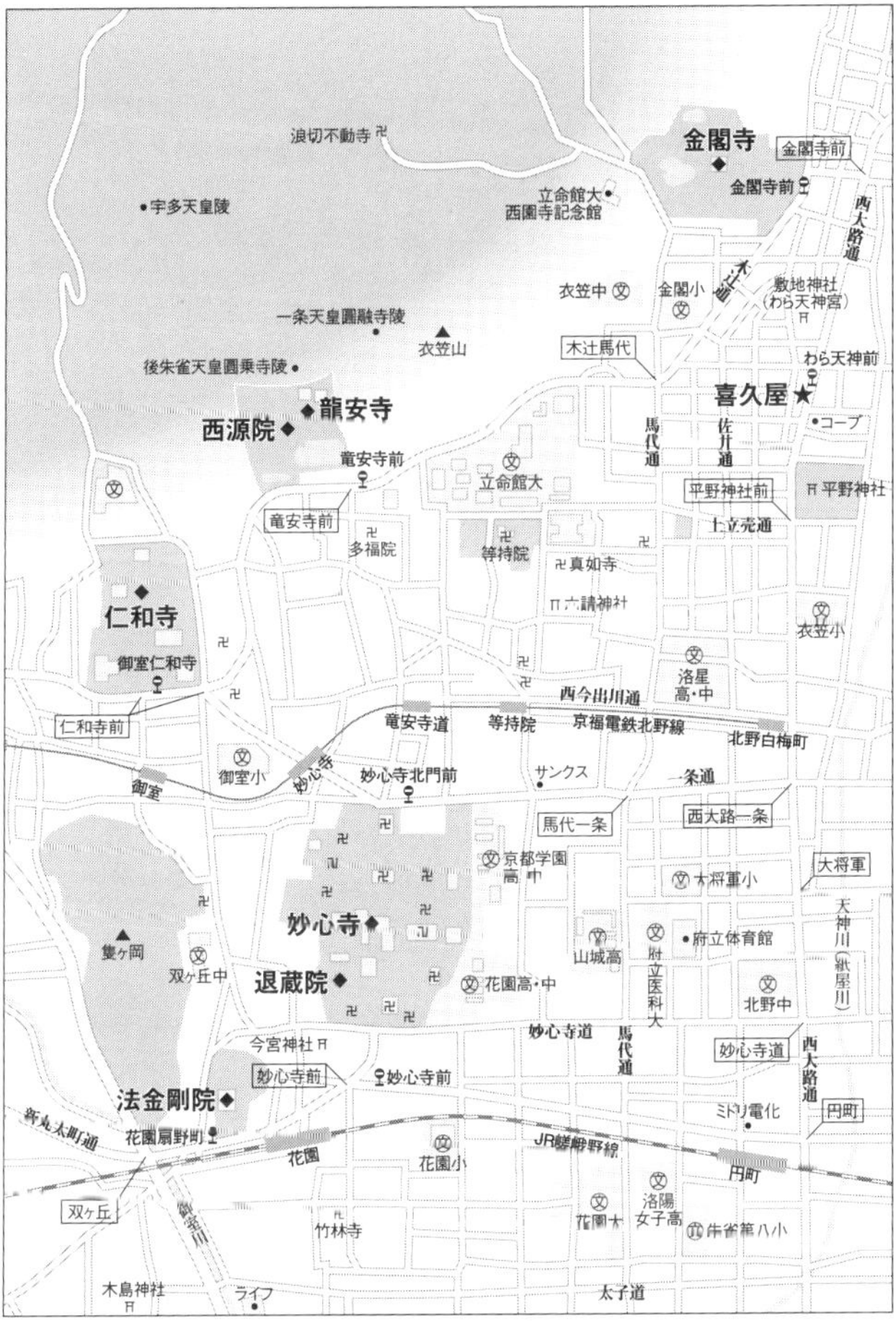
浪切不動寺
金閣寺
金閣寺前
金閣寺前
立命館大
西園寺記念館
宇多天皇陵
西大路通
衣笠中
金閣小
敷地神社
(わら天神宮)
一条天皇圓融寺陵
衣笠山
木辻馬代
わら天神前
後朱雀天皇圓乗寺陵
龍安寺
喜久屋
西源院
コープ
馬代通
佐井通
竜安寺前
立命館大
平野神社前
平野神社
竜安寺前
上立売通
多福院
等持院
真如寺
六請神社
仁和寺
衣笠小
御室仁和寺
洛星
高・中
西今出川通
仁和寺前
竜安寺道
等持院
京福電鉄北野線
北野白梅町
御室小
妙心寺
妙心寺北門前
サンクス
一条通
御室
馬代一条
西大路一条
京都学園
高・中
大将軍小
大将軍
天神川(紙屋川)
雙ヶ岡
妙心寺
府立体育館
山城高
府立医科大
双ヶ丘中
退蔵院
花園高・中
北野中
妙心寺道
馬代通
妙心寺道
今宮神社
西大路通
妙心寺前
妙心寺前
法金剛院
ミドリ電化
新丸太町通
円町
花園扇野町
JR嵯峨野線
花園
花園小
円町
洛陽
双ヶ丘
御室川
花園大
女子高
竹林寺
木島神社
ライフ
太子道

②金閣寺・龍安寺

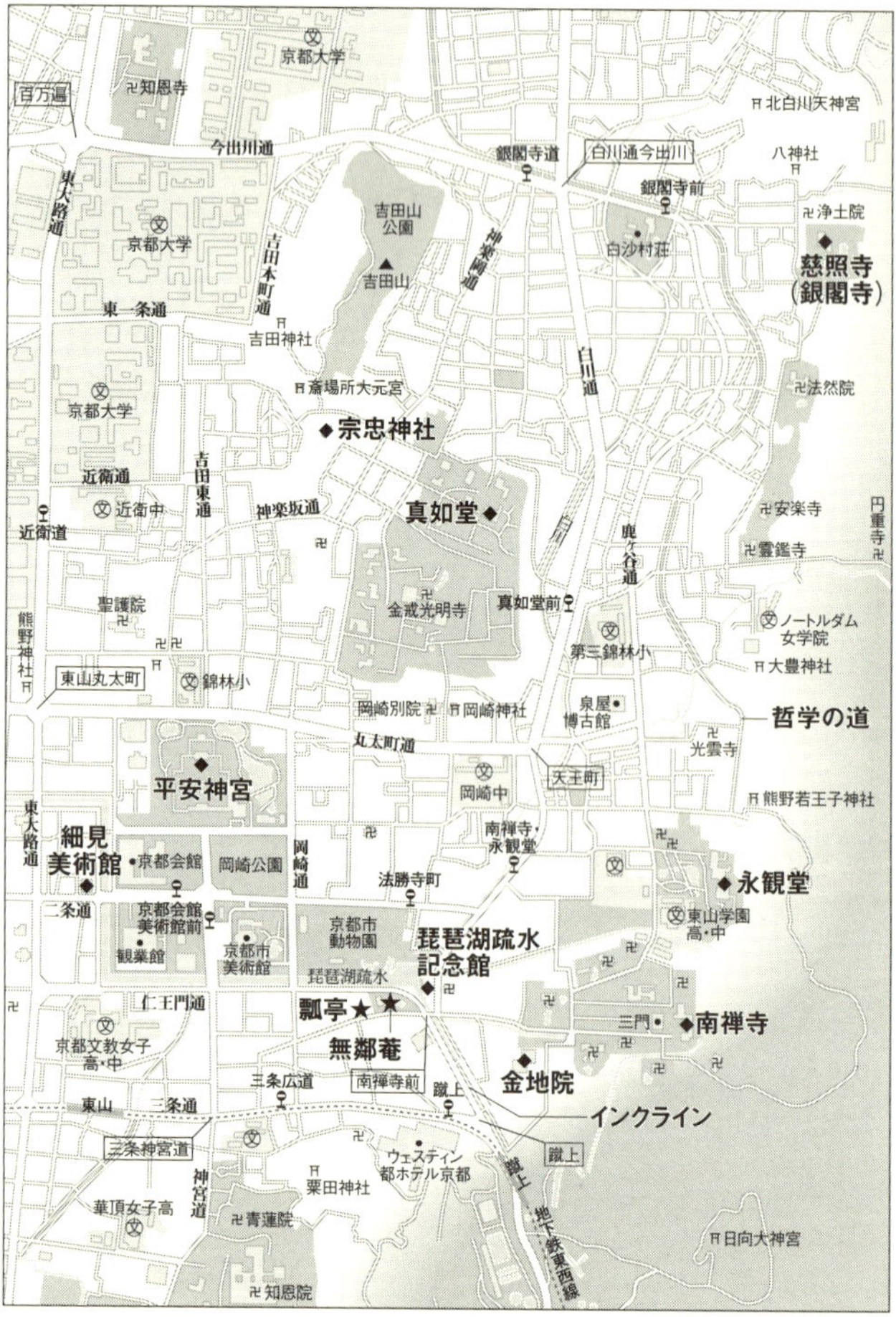
京都大学
百万遍
知恩寺
今出川通
北白川天神宮
銀閣寺道
白川通今出川
八神社
東大路通
銀閣寺前
浄土院
吉田山公園
京都大学
吉田本町通
神楽岡通
白沙村荘
慈照寺
(銀閣寺)
吉田山
東一条通
吉田神社
白川通
京都大学
斎場所大元宮
法然院
宗忠神社
近衛通
吉田東通
近衛中
近衛道
神楽坂通
真如堂
安楽寺
円重寺
霊鑑寺
鹿ヶ谷通
金戒光明寺
真如堂前
聖護院
熊野神社
ノートルダム女学院
第三錦林小
大豊神社
東山丸太町
錦林小
泉屋博古館
岡崎別院
岡崎神社
哲学の道
丸太町通
光雲寺
平安神宮
天王町
岡崎中
熊野若王子神社
東大路通
南禅寺・永観堂
細見美術館
京都会館
岡崎公園
岡崎通
永観堂
法勝寺町
二条通
京都会館美術館前
東山学園高・中
観業館
京都市動物園
京都市美術館
琵琶湖疏水記念館
琵琶湖疏水
仁王門通
瓢亭
南禅寺
三門
無鄰菴
京都文教女子高・中
金地院
三条広道
南禅寺前
蹴上
東山
三条通
インクライン
三条神宮道
蹴上
ウェスティン都ホテル京都
粟田神社
神宮道
蹴上
地下鉄東西線
華頂女子高
青蓮院
日向大神宮
知恩院

③銀閣寺・南禅寺

東山三条
三条神宮道
神宮道
三条通
京都ロイヤルホテル
三条京阪
東山
地下鉄東西線
三条通
神宮道
•KYOUEN
東大路通
ウェスティン都ホテル京都
•京劇会館
三条
白川
神宮道
河原町通
先斗町通
鴨川
縄手通
花見小路通
知恩院前
◆青蓮院
ビブレ
木屋町通
知恩院前
華頂通
ぎをん小森★
新橋通
◆知恩院
おいと
平野家本店（いもぼう）
権兵衛
RAAK
祇園
八坂神社
円山公園
四条京阪前
祇園
河原町
四条通
•南座
祇園
枝垂れ桜
京都高島屋
四条
鍵善良房
茶寮都路里
•円山音楽堂
将軍塚
下河原通
丸梅★
大日堂◆
京阪本線
大和大路通
東山安井
ねねの道
◆高台寺
建仁寺
東山安井
高瀬川
圓徳院
東美須神社◆
霊山観音
新道小
法観寺（八坂の塔）
松原橋
八坂通
二年坂
霊山歴史館
•東山警察署
川端通
清水道
清水道
清水小
松原通
柿町通
東山区役所•
清水坂
鴨川
六波羅蜜寺◆
六波羅裏門通
五条
産寧坂（三年坂）
洛東中
五条坂
東山五条
地主神社
五条通
五条坂
清水新道（茶わん坂）
◆清水寺
東山郵便局
本町通
東山五条
大和大路通
正面通
東大路通
東山小
渋谷通
豊国神社
京都女子大附属小
妙法院
東山七条
京都国立博物館•
京都女子高・中
わらじや★
七条通
七条
博物館三十三間堂前
東山七条
東山七条
新日吉神社
◆智積院
京都女子大
▲阿弥陀ヶ峰
三十三間堂
JR琵琶湖線
塩小路通

④東山・祇園

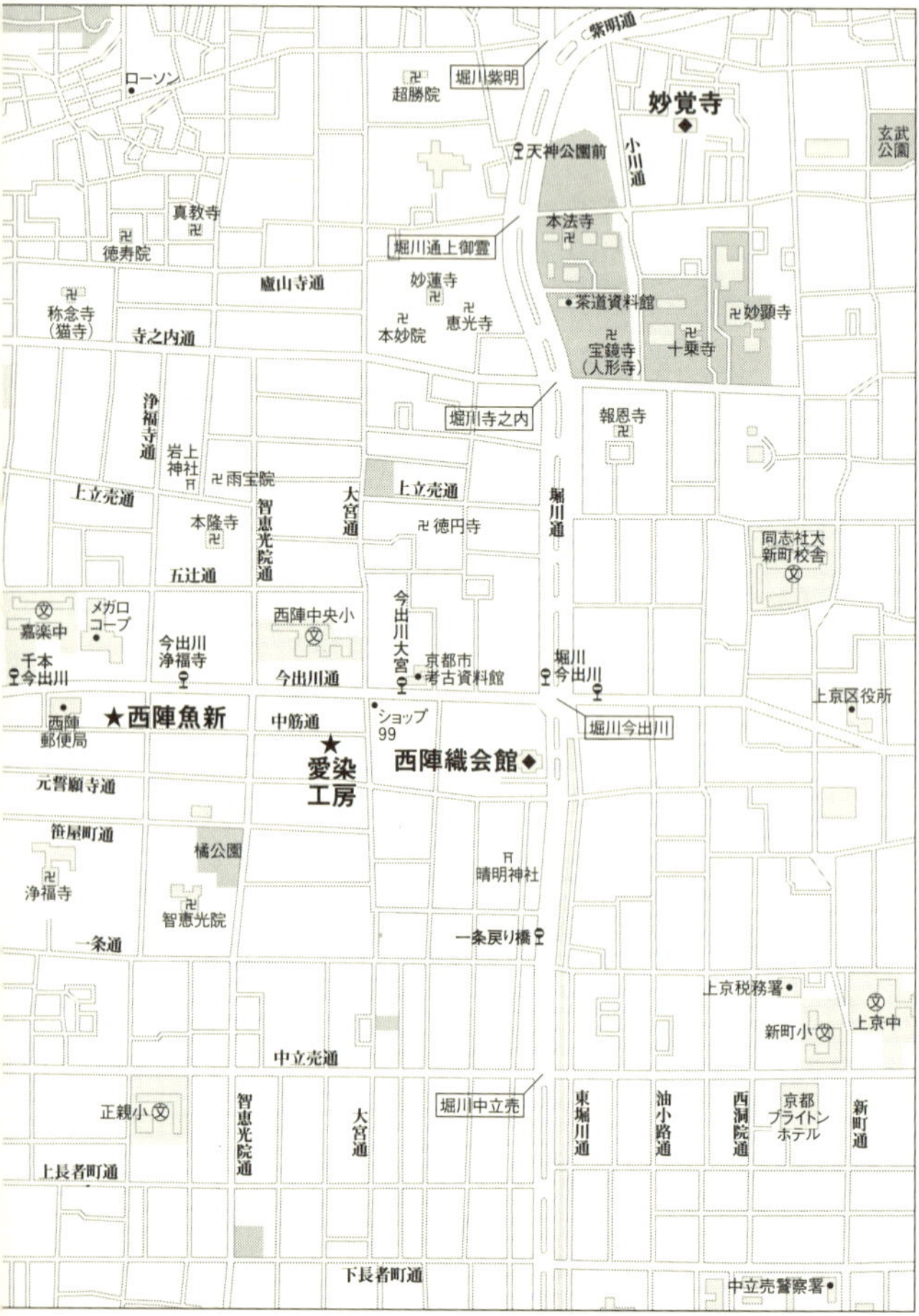
紫明通
堀川紫明
ローソン
超勝院
妙覚寺
玄武公園
天神公園前
小川通
真教寺
徳寿院
本法寺
堀川通上御霊
妙蓮寺
廬山寺通
称念寺
(猫寺)
寺之内通
恵光寺
本妙院
茶道資料館
妙顕寺
宝鏡寺
(人形寺)
十乗寺
堀川寺之内
報恩寺
浄福寺通
岩上神社
雨宝院
上立売通
大宮通
智恵光院通
本隆寺
徳円寺
堀川通
五辻通
同志社大新町校舎
嘉楽中
メガロコープ
西陣中央小
今出川大宮
京都市考古資料館
堀川今出川
千本今出川
今出川浄福寺
今出川通
上京区役所
西陣郵便局
★西陣魚新
中筋通
ショップ99
★愛染工房
西陣織会館
堀川今出川
元誓願寺通
笹屋町通
橘公園
浄福寺
晴明神社
智恵光院
一条通
一条戻り橋
上京税務署
上京中
新町小
中立売通
堀川中立売
正親小
智恵光院通
大宮通
東堀川通
油小路通
西洞院通
京都ブライトンホテル
新町通
上長者町通
下長者町通
中立売警察署

木辻通
柏野小
鞍馬口通
敷地神社
（わら天神宮）
西大路通
千本鞍馬口
千本通
寺之内通
引接寺
（千本えんま堂）
浄光寺
わら天神前
天神川（紙屋川）
千本寺之内
乾隆小
コープ
佐井通
千本寺之内
郵便局
石像寺
西陣病院
平野神社
大報恩寺
（千本釈迦堂）
千本
上立売
上立売通
翔鸞小
七本松通
平野神社前
北野天満宮
五辻の昆布
老松
千本
今出川
平野通
御前通
千本今出川
セブン-イレブン
衣笠校前
衣笠小
梅苑
東向観音寺
上七軒
上七軒
千本
今出川
千本
今出川
北野天満宮前
今出川通
洛星
高・中
京とうふ藤野
天神通り店
北野
天満宮前
今小路通
北野
白梅町
北野白梅町
六軒町通
北野白梅町
京福電鉄
北野線
西陣警察署
千本通
北野
白梅町
ゼネラル
GS
イズミヤ
大将軍八神社
北野白梅町
とようけ屋山本
本店
一条通
大将軍商店街
京とうふ藤野
本店
西大路一条
地蔵院
成願寺
下ノ森通
七本松通
千本
中立売
佐井通
西大路通
天神通
御前通
仁和小
立本寺
千本中立売
大将軍
大将軍小
仁和寺街道
仁和寺街道
府立体育館
大市
ニッショー
北野中
千本出水

⑤北野・千本西陣

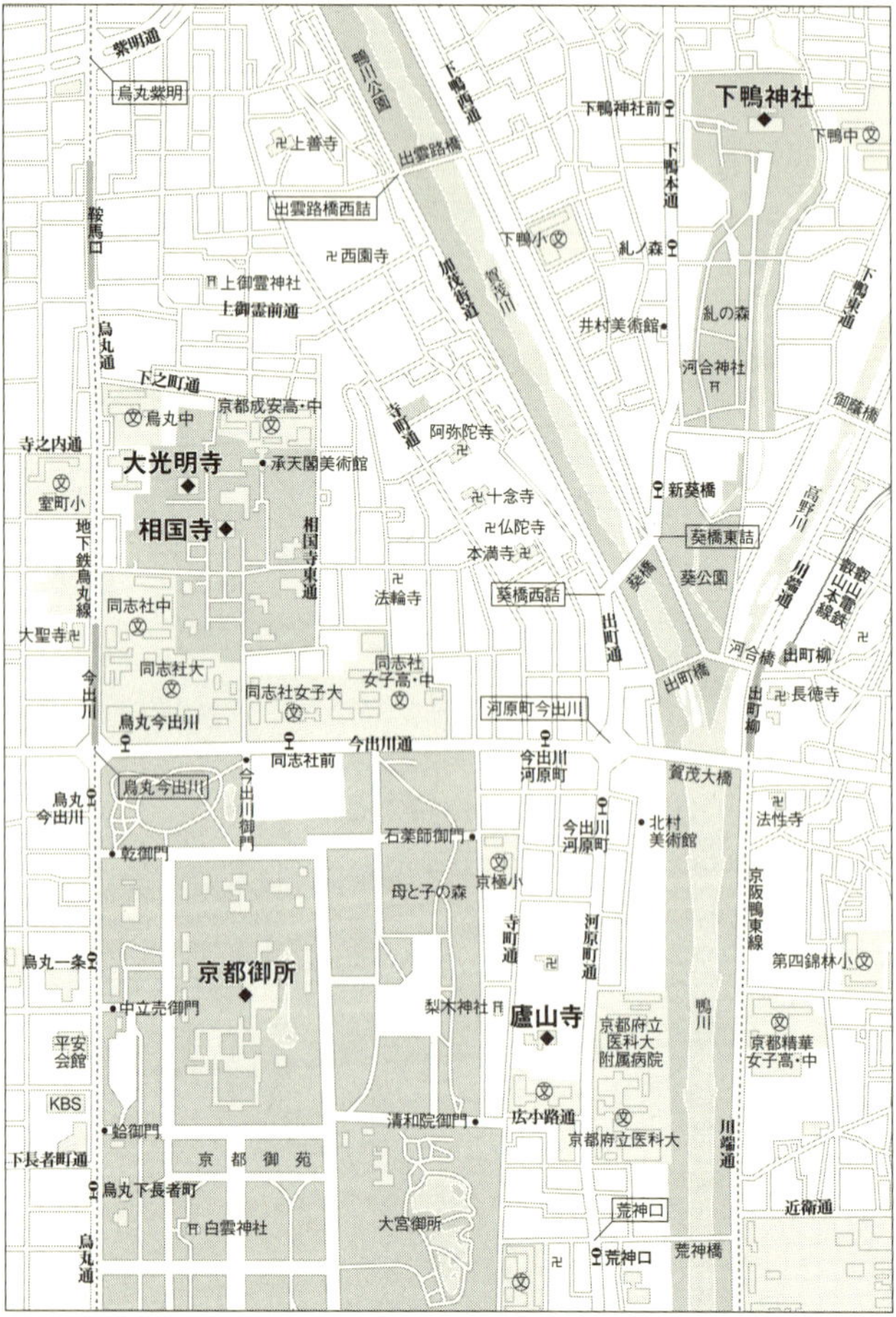
紫明通
烏丸紫明
鴨川公園
下鴨西通
下鴨神社前
下鴨神社
下鴨中
上善寺
出雲路橋
出雲路橋西詰
下鴨本通
鞍馬口
西園寺
下鴨小
糺ノ森
上御霊神社
上御霊前通
加茂街道
賀茂川
糺の森
井村美術館
烏丸通
河合神社
下之町通
京都成安高・中
烏丸中
寺町通
阿弥陀寺
御蔭橋
寺之内通
大光明寺
承天閣美術館
室町小
十念寺
新葵橋
高野川
相国寺
仏陀寺
相国寺東通
葵橋東詰
地下鉄烏丸線
本満寺
葵橋
葵公園
叡山電鉄
川端通
法輪寺
葵橋西詰
同志社中
出町通
大聖寺
河合橋
出町柳
同志社大
同志社女子高・中
出町橋
今出川
同志社女子大
長徳寺
河原町今出川
烏丸今出川
今出川通
同志社前
今出川河原町
賀茂大橋
烏丸今出川
今出川御門
法性寺
北村美術館
石薬師御門
今出川河原町
乾御門
京阪鴨東線
京極小
母と子の森
寺町通
河原町通
烏丸一条
第四錦林小
京都御所
鴨川
中立売御門
梨木神社
廬山寺
京都府立医科大附属病院
京都精華女子高・中
平安会館
KBS
広小路通
清和院御門
京都府立医科大
蛤御門
川端通
下長者町通
京都御苑
烏丸下長者町
近衛通
荒神口
白雲神社
大宮御所
荒神橋
荒神口

⑥下鴨・出町

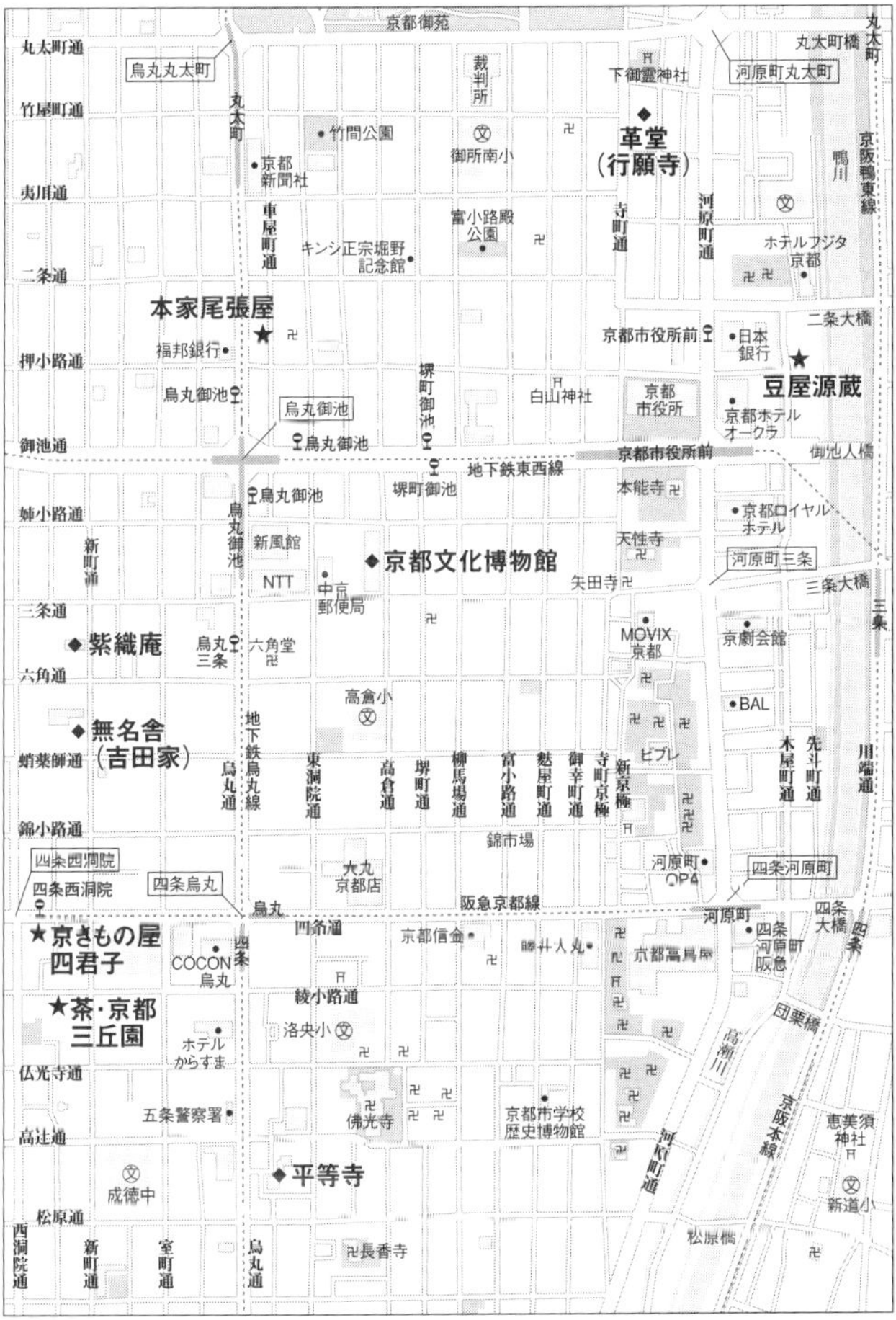
京都御苑
丸太町通
烏丸丸太町
竹屋町通
丸太町
竹間公園
京都新聞社
夷川通
車屋町通
キンシ正宗堀野記念館
二条通
本家尾張屋
福邦銀行
押小路通
烏丸御池
御池通
裁判所
御所南小
富小路殿公園
下御霊神社
革堂（行願寺）
寺町通
河原町通
河原町丸太町
丸太町橋
京阪鴨東線
鴨川
ホテルフジタ京都
二条大橋
京都市役所前
日本銀行
豆屋源蔵
京都市役所
京都ホテルオークラ
白山神社
堺町御池
御池大橋
地下鉄東西線
姉小路通
新町通
新風館
NTT
中京郵便局
京都文化博物館
本能寺
京都ロイヤルホテル
天性寺
矢田寺
河原町三条
三条大橋
三条通
紫織庵
烏丸三条
六角堂
六角通
MOVIX京都
京劇会館
高倉小
BAL
無名舎（吉田家）
蛸薬師通
地下鉄烏丸線
烏丸通
東洞院通
高倉通
堺町通
柳馬場通
富小路通
麩屋町通
御幸町通
寺町京極
新京極
ビブレ
木屋町通
先斗町通
川端通
錦小路通
錦市場
四条西洞院
四条烏丸
大丸京都店
河原町OPA
四条河原町
阪急京都線
四条通
京都信金
藤井大丸
京都高島屋
四条河原町阪急
四条大橋
京きもの屋四君子
COCON烏丸
綾小路通
茶・京都三丘園
洛央小
ホテルからすま
団栗橋
高瀬川
仏光寺通
五条警察署
佛光寺
京都市学校歴史博物館
京阪本線
恵美須神社
高辻通
成徳中
平等寺
河原町通
新道小
松原通
松原橋
長香寺
西洞院通
室町通

⑦河原町

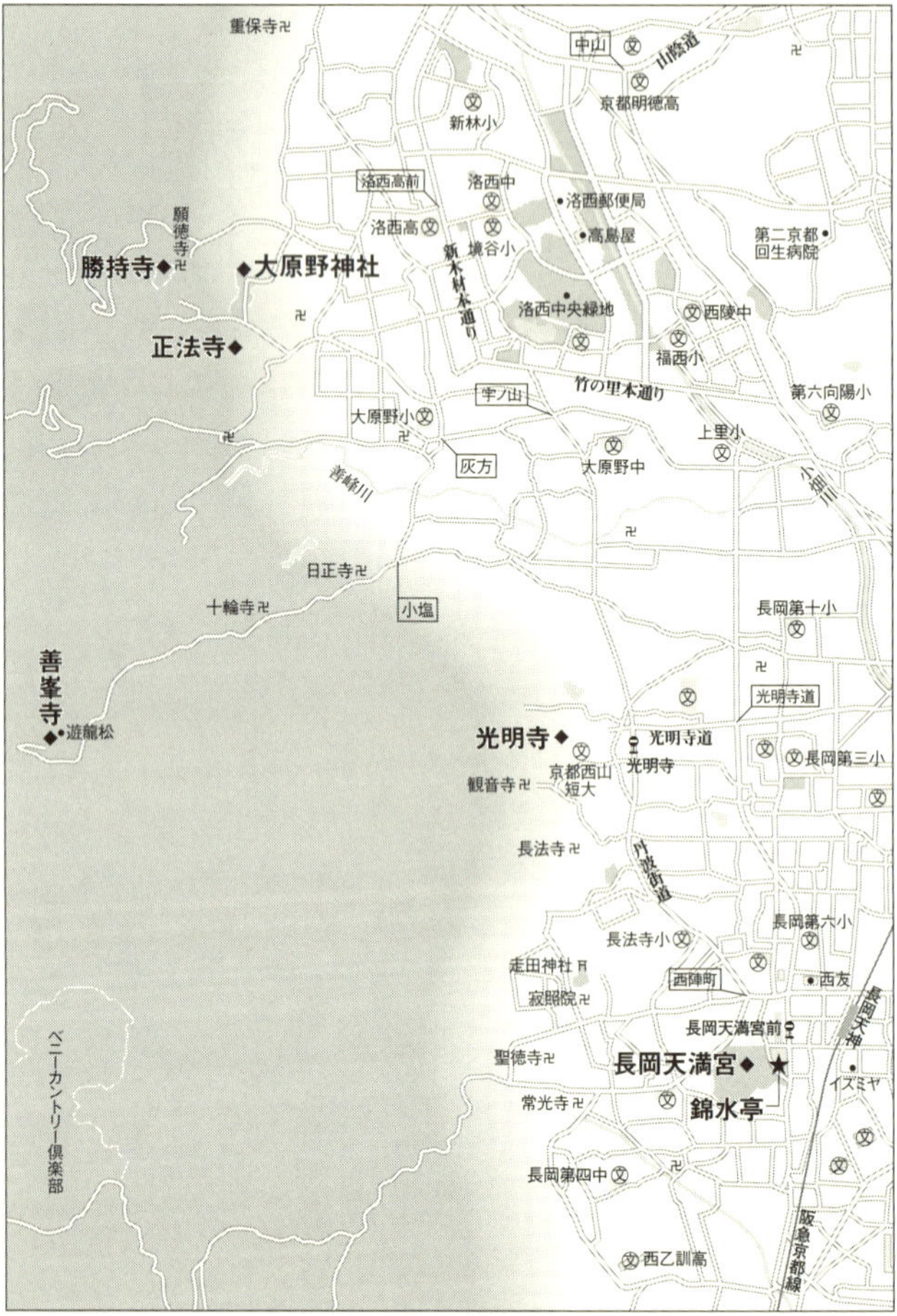
重保寺
中山
山陰道
京都明徳高
新林小
洛西高前
洛西中
洛西郵便局
洛西高
境谷小
高島屋
第二京都
回生病院
願徳寺
勝持寺
大原野神社
新木村本通り
洛西中央緑地
西陵中
福西小
正法寺
竹の里本通り
宇ノ山
第六向陽小
大原野小
上里小
灰方
大原野中
善峰川
小畑川
日正寺
十輪寺
小塩
長岡第十小
善峯寺
遊龍松
光明寺道
光明寺
京都西山
短大
長岡第三小
観音寺
長法寺
丹波街道
長岡第六小
長法寺小
走田神社
西陣町
西友
寂照院
長岡天満宮前
長岡天神
聖徳寺
長岡天満宮
錦水亭
イズミヤ
常光寺
ベニーカントリー倶楽部
長岡第四中
阪急京都線
西乙訓高

⑧大原野・長岡天神

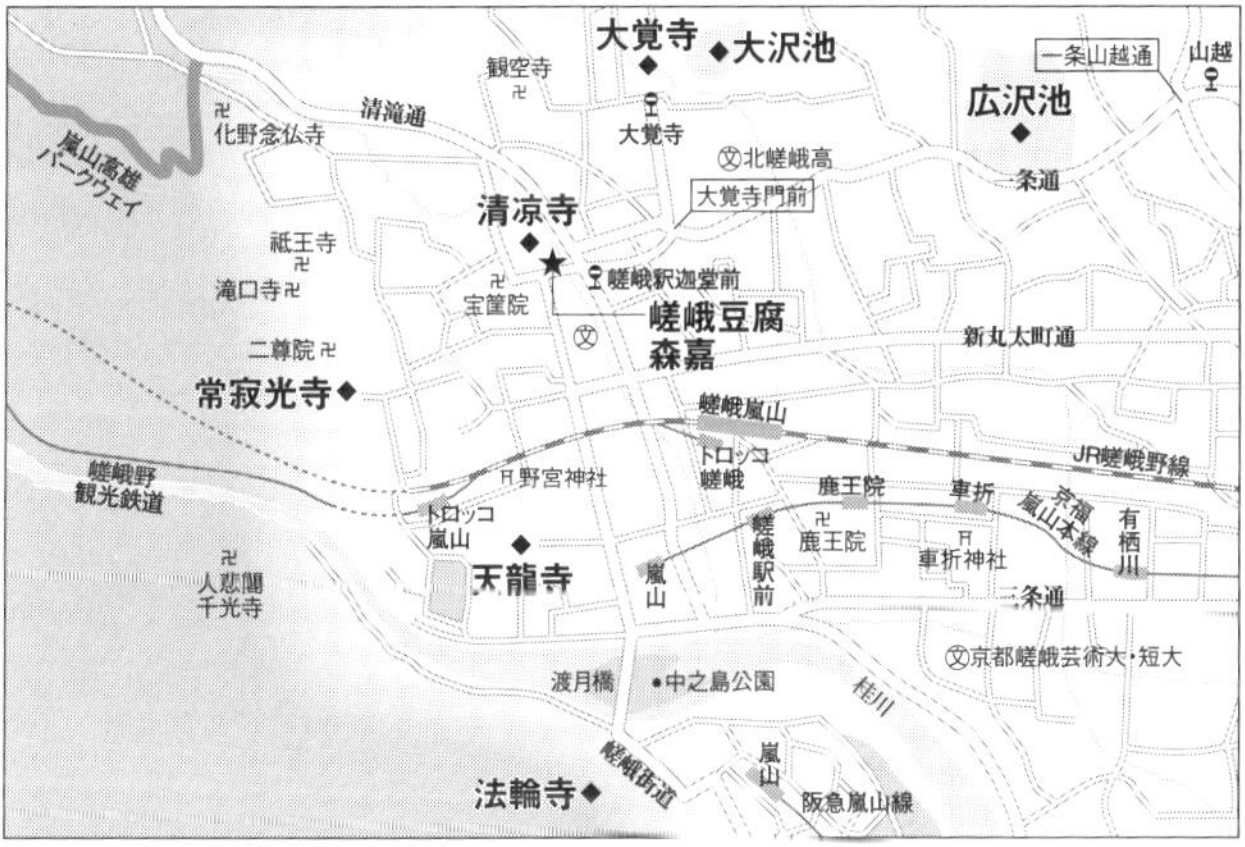

大覚寺
大沢池
一条山越通
山越
観空寺
清滝通
化野念仏寺
大覚寺
広沢池
嵐山高雄パークウェイ
北嵯峨高
一条通
大覚寺門前
清凉寺
祇王寺
嵯峨釈迦堂前
滝口寺
宝筐院
嵯峨豆腐
森嘉
二尊院
新丸太町通
常寂光寺
嵯峨嵐山
トロッコ嵯峨
JR嵯峨野線
嵯峨野観光鉄道
野宮神社
鹿王院
車折
京福嵐山本線
有栖川
トロッコ嵐山
嵯峨駅前
鹿王院
車折神社
天龍寺
嵐山
三条通
人悲閣千光寺
京都嵯峨芸術大・短大
渡月橋
中之島公園
桂川
嵐山
嵯峨街道
法輪寺
阪急嵐山線

⑨嵐山

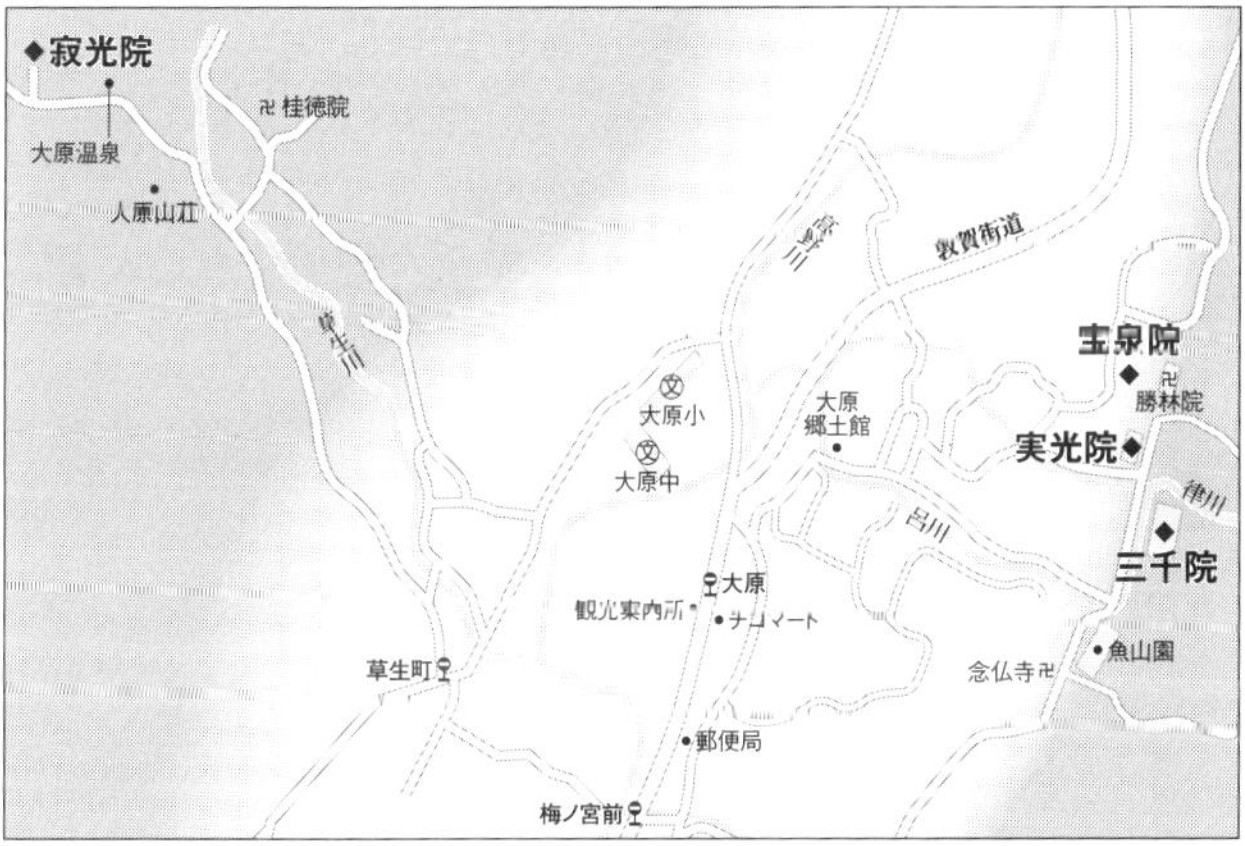

寂光院
桂徳院
大原温泉
大原山荘
高野川
敦賀街道
草生川
宝泉院
勝林院
大原小
大原郷土館
実光院
大原中
律川
呂川
三千院
大原
観光案内所
ナコマート
魚山園
草生町
念仏寺
郵便局
梅ノ宮前

⑩大原

⑪東福寺

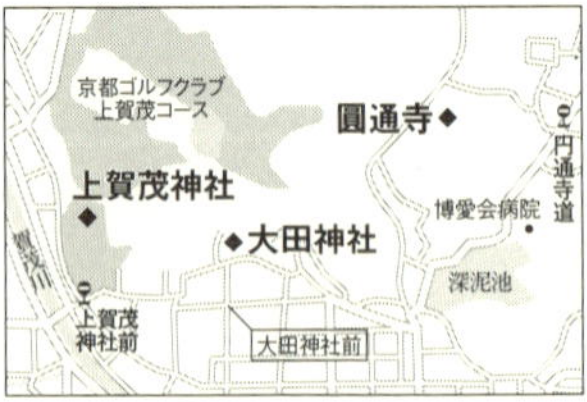

⑫上賀茂神社

⑬正伝寺

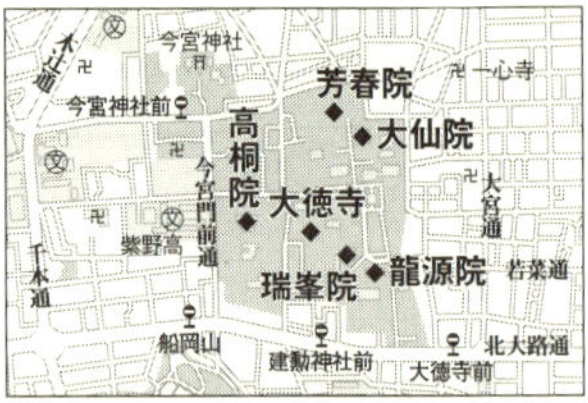

⑭大徳寺

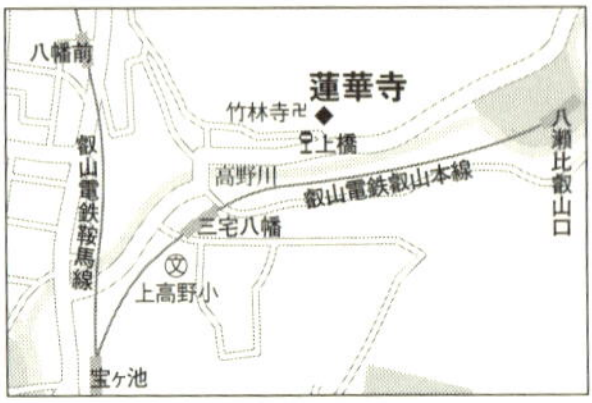

⑮蓮華寺

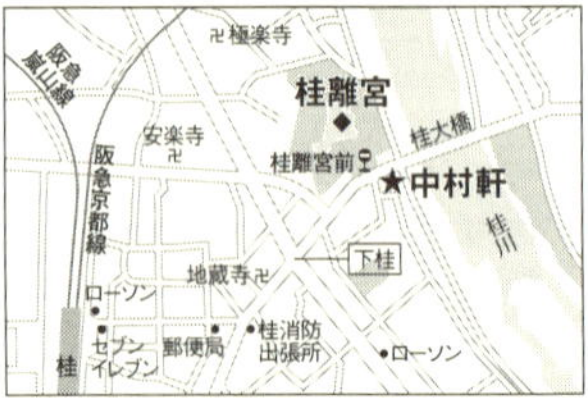

⑯桂離宮

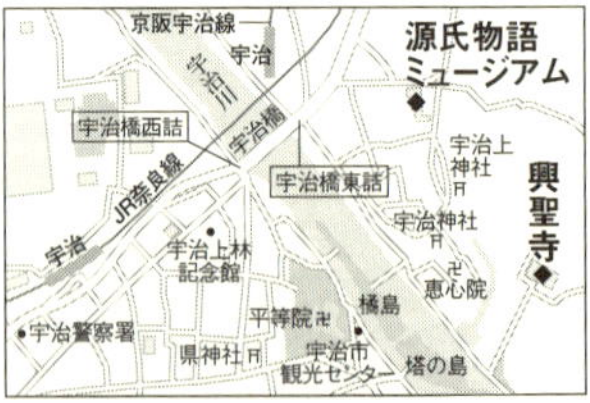

⑰宇治

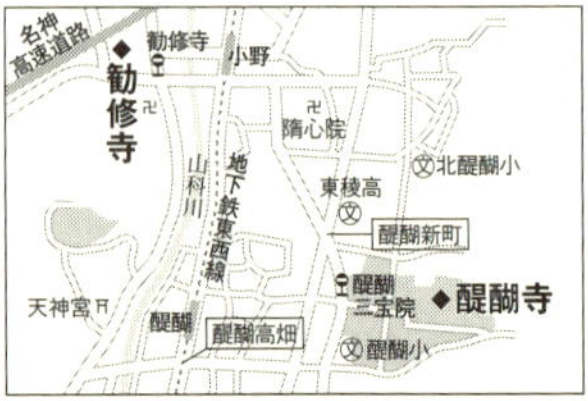

⑱醍醐寺

one day trip in KYOTO

憧れの 中村さんのハイヤーで行く！

絵と文
すげさわ かよ

イラストレーター
すげさわ かよ
編集部
萩原さん
ライター
宮脇さん

08:30 ホテル前

サッとドアを開けてもらい、暖かいハイヤーの中へ。心地よいBGMを流しながら、なめらかに発車！

12月中旬の京都。

京都は大好きで何度も訪れていますが、今回初めてハイヤーをお願いしました。

いつもと違う旅になりそうで、とても楽しみ！

冬は日没が早いので、朝からまわる方が良いと薦められ、前の晩は京都に宿泊。

翌朝、緊張気味にホテルを出ると、ピカピカのクラウンの前で、中村さんが笑顔で出迎えてくれました。

いよいよ、ハイヤーでめぐる一日が、スタート！

エムケイタクシー NO.1

ハイヤードライバー
中村壽男さん

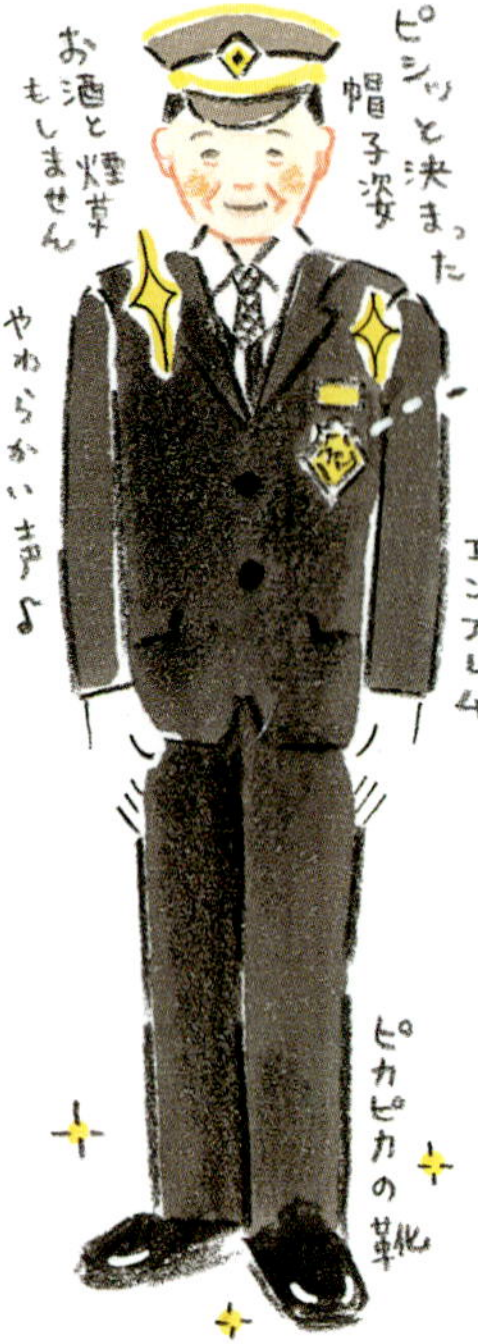

ピシッと決まった帽子姿
お酒と煙草もしません
やわらかい声♪
金のししゅうのエンブレム
ピカピカの革靴

中村さんの第一印象は笑顔と、清潔感。
やはり、身だしなみには人一倍気を配っているのだそう。

冬の京都は空気がすっきりしていてきれい。
オフシーズンは、ゆっくりと京都らしさを楽しめますよ

と、さし出してくれたのは
本日のルートマップ！

なんと、カラフルに描かれたお手製です

京都の地理が、よくわかってうれしい♪

08:45 二条城

二条城の目の前の中学に通っていた中村さんの、「ここははずせない」スポット。
「歴史の上でも京都を語るのに、かかせない場所。京都が初めての方は、ぜひ」

パラパラと 小雨の中
次から次へと丁寧な解説が…
この瓦の模様は
城を火災
から守ると
いう意味で……
ナミとウズ
ハイヤーから、
素早く傘を持って
きてくれました!!
説明に出てくる年号は
同年の外国の歴史と合わせて
教えてくれるのが 面白い。
外国人客にも好評!
歴史が立体的になっていっそう興味が持てるわ
椿が見頃
雨も晴れて…
二の丸庭園を一周。
「見晴らしがよいので
天守閣跡へ上って
みてください」
冬の風物詩にソテツのこも巻き
学ぶことがいっぱいで
2時間半のガイドも
あっという間でした。

11:30
山中油店

「よく、ご案内しますが、みなさん喜んでくださいます」
と、ハイヤーを走らせてくれたのは、
創業200年の
油の専門店。

油を扱うので、火事にならないように水車を作ったようです
山中油店
あぶら

風情ある井戸水を使用した水車

こだわりの油

芳香落花生油
玉締めしぼり胡麻油
落花生油
り胡麻油

いろいろな油をパンにつけて味見

落花生油は、
バニラアイスにかけ
てもおいしいとか！

包装紙に包んでもらっておみやげに・・・

宵ごとに
都み出づる
更けの
てみて見る
山崎
油売り
月

車から降りると、
昔の京都に来たような光景…

中村さんとお店の方から説明を受けながら、
歴史ある建物を見学。

知る人ぞ知る通の店に、
連れていってもらえるのも、
中村さんのハイヤーの魅力！

お店の前の貴重な文化財「町家」
を案内してもらいました。

12:20 龍安寺

中村さんが大好きな場所。

「寺までの階段の風景はいつ見ても感動します」

石庭だけでなく、まわりの庭園の美しさに気づかされました。

垣根は龍安寺垣というんですよ

「心が落ちつくでしょう」と石庭にはたっぷりと見る時間を。

今までに、2500回は参拝。1年で150回位来るそう。

ご案内したお客さまには、あの、ハリウッド・スターも!!

おすすめのベストスポットから眺める....

ランチの予約をとってもらい、再びハイヤーへ

スマートにドアを開けてもらってちょっとVIP気分?

13:30
西陣魚新

「龍安寺内西源院の湯豆腐も美味しい」ということでしたが、せっかくなので、街なかのおすすめ店を案内してもらいました

西陣魚新

安政三年創業
有職京料理店

上品な椀もの
栗・紅葉…
季節感満載
煮ものの
味つけに
京都を感じて
とろける〜
お刺身
西陣弁当
つるんと
溶ける
ゆず豆腐

ぜいたくした気分♪
坪庭に
面した
個室で

デザート・果物のゼリー

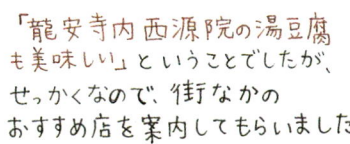

店を出ると、
ピシッと立って待っていて
くれて、恐縮……
「よかったらどうぞ」と、
今度はポストカードに描いた
京都マップ(P.32)が。
ランチの間に、作っていて
くれたのです！

カラフルできれい〜！
こまかいですね
この位でしたら
地図を見ずに
短時間で
描けます

「京都らしい、おみやげとおいしいものを買いたい」と希望を出して、急遽ルート変更。急なお願いにもにこやかに、おすすめの店をはしごしてくれました。

中村さん手描きのマップで場所を確認すると、いつのまにか、京都中を移動していることに気づきます。

地図を見たり、移動の方法を考えなくても良い旅が、こんなに楽だなんて！

なにより、ハイヤーの居心地は、快適そのもの。

15:00～
ハイヤーで名店めぐり

西陣の、細い路地をハイヤーでスイスイと。

「職人さんが染めている姿を見られる時もあるんですよ」

天然発酵本藍染と本草木染の工房

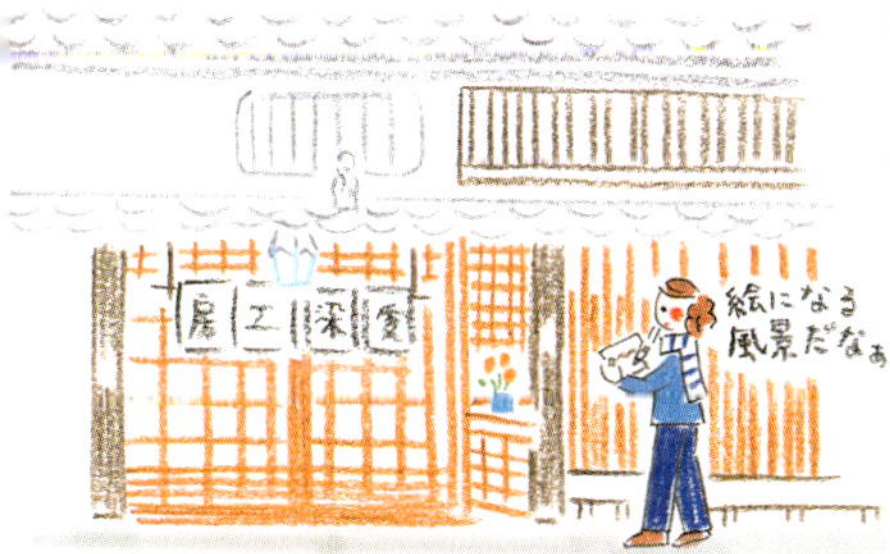

工房内にはアカネをたくにおいが…

藍染ハギレ

ある時はラッキーお得なセット☆

子供用ユカタ反物

かわいい和モチーフが染められて

本藍染

職人さんがデザインの参考の為に蚤の市などで買った古い布も。

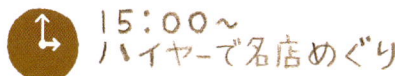

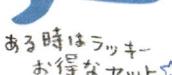

老松
古い町並を抜け、
甘いもの好きな中村
さんも推す、和菓子の
名店へ。
年季の入ったお菓子の木型が並ぶ
入口脇に、芸・舞妓さん
ウチワがずらり
季節の和菓子
京都に来たら
生菓子をいただかなくちゃ！
風花
冬牡丹
姫椿
ゆっくり堪能…
ゆずあんにもちもちの皮！
名菓「老松」
「御所車」
古代菓子「山人艸果」
シンプルでしゃれてる

五辻の昆布

昆布の型抜き跡は
サービス品！

女性好みの、ハート♡、
星やうさぎの形に抜いた
「おやつ昆布」も有名で、
にぎわっていた店内。

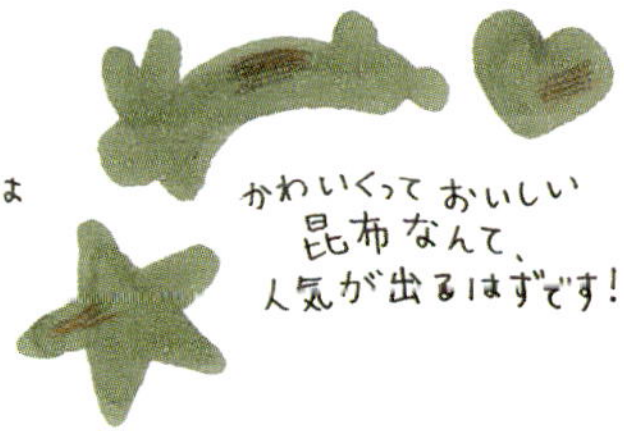

かわいくっておいしい
昆布なんて、
人気が出るはずです！

京とうふ藤野

「いろいろな味のお豆腐が楽しめます」
湯葉のお豆腐は、京都らしいおみやげ。

冬の京名物「柚鍋」
は、さわやかなゆず風味。
デザートにもなりそうな
「くろまめ」etc.
いっぱい買って
しまいました。

ハイヤーだと
たくさんお買い物
してもラクラク♪

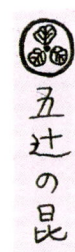

16:00
雲龍院

「混み合うこともなく、
美しいお庭をゆっくり
拝観できますよ。
写経も試せます」

絵になるお庭。日暮れ前に
間に合わせてくれて、よかった！

ガイド中も、
サッとスリッパを出してくれたり、
扉を開けてくれたり、
気配りがゆきとどいて……

中村さんに続いて台所(!?)へ
…大黒様が安置されていました！

その台所で手作りされる、
デザートとお抹茶で一服。
できたてのやさしい味…

「柚子ごもり」
葛にくるまれた
白玉だんご
柚子の香り…
湧き水で
点てた「抹茶」
ガッカリ…
小槌のおみくじも
ひいてみると…
末吉
だぁ
「末吉」は
「大吉」と同じくらい
良いのですよ

夕食前に、
お茶することに。
18:00頃に閉店してしまう
店も多いからと、電話で
確認してから、店へ——

電話では京都弁で…
京都スポットがギッシリな中村さんの手帳

お茶するなら、
「「長楽館」、「甘春堂」、「洛匠」、
などもおすすめです」

しっとりとした夜の祇園

18:00
ぎをん小森

白川沿いの、元はお茶屋
だったという、甘味処。
「お花見シーズンは、行列
のできる人気店なんですよ」

「小森あんみつ」
もっちり白玉!

京都らしいですねー

「小森抹茶ババロアパフェ」
いろんな味が♪

中村さんの、エムケイタクシーの研修で
学んだ、イギリス留学のエピソード、
休日にご家族と訪れた美術展の話etc.
趣味やプライベートの話もはずんで。

19:00
権兵衛

そろそろ、帰りの
新幹線が気になる時間。
「ささっと食べられるもの」とリクエスト
すると、駅への便も良い、
この店を選んでくれました。

アツアツ
きつねうどん
冬期限定
鴨なんば

関西風・あっさり味
のうどんとそばは
ほっとするおいしさ。
ペロッとたいらげてしまった

まだ少し時間ありますので、大丈夫ですよ

RAAK

通りで見つけて気になった
てぬぐいの店へダッシュ！

京都らしい柄
乙女テイスト柄etc.
いろいろあって
迷うなあ…

手触りのよい、がーぜのてぬぐいは
どんな方にも喜んでもらえそう

長めのサイズはショールにしても
ふんわり

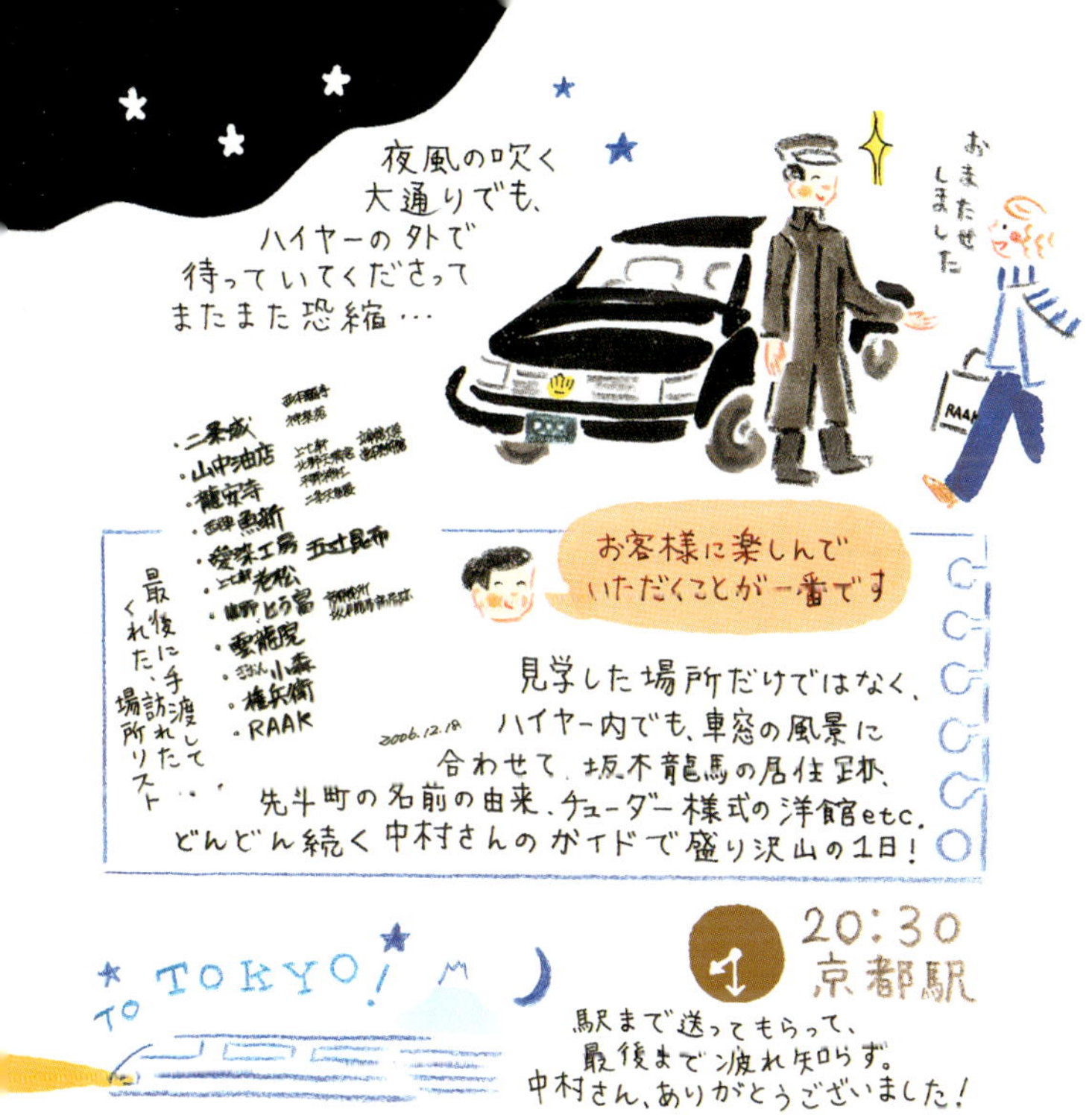
夜風の吹く
大通りでも、
ハイヤーの外で
待っていてくださって
またまた恐縮…
おまたせしました
RAAK
・二条城
・山中油店
・龍安寺
・西陣 魚新
・愛染工房 五辻昆布
・上七軒 老松
・雲龍院
・ぎおん 小森
・権兵衛
・RAAK
最後に手渡してくれた、訪れた場所リスト…
2006.12.18
お客様に楽しんでいただくことが一番です
見学した場所だけではなく、
ハイヤー内でも、車窓の風景に
合わせて、坂本龍馬の居住跡、
先斗町の名前の由来、チューダー様式の洋館etc.
どんどん続く中村さんのガイドで盛り沢山の1日！
20:30
京都駅
TO TOKYO!
駅まで送ってもらって、
最後まで疲れ知らず。
中村さん、ありがとうございました！

難しい話だけではなく、芸能、時事ネタなどをおりまぜてくれるので、親近感を持って聞けるのが嬉しい、中村さんのガイド。ソフトな声が耳によく馴染んで。

この一日で、京都のあらゆるものに、歴史やいわれがあることに驚かされたし、今まで以上に、京都という街に興味がわきました。

春・夏・秋……他の季節の京都の楽しみを、またいつか、中村さんにガイドしてもらいたいな。

ハイヤーの1日をふり返って…

帰りの新幹線にて。中村さんの京都マップを手に、本日のルートのおさらい。

SUGESAWA

いつかゆっくり、両親を連れて乗ってみたいな。他の季節のおすすめスポットもガイドしてもらいたい！

中村さん手描きのイラストマップ

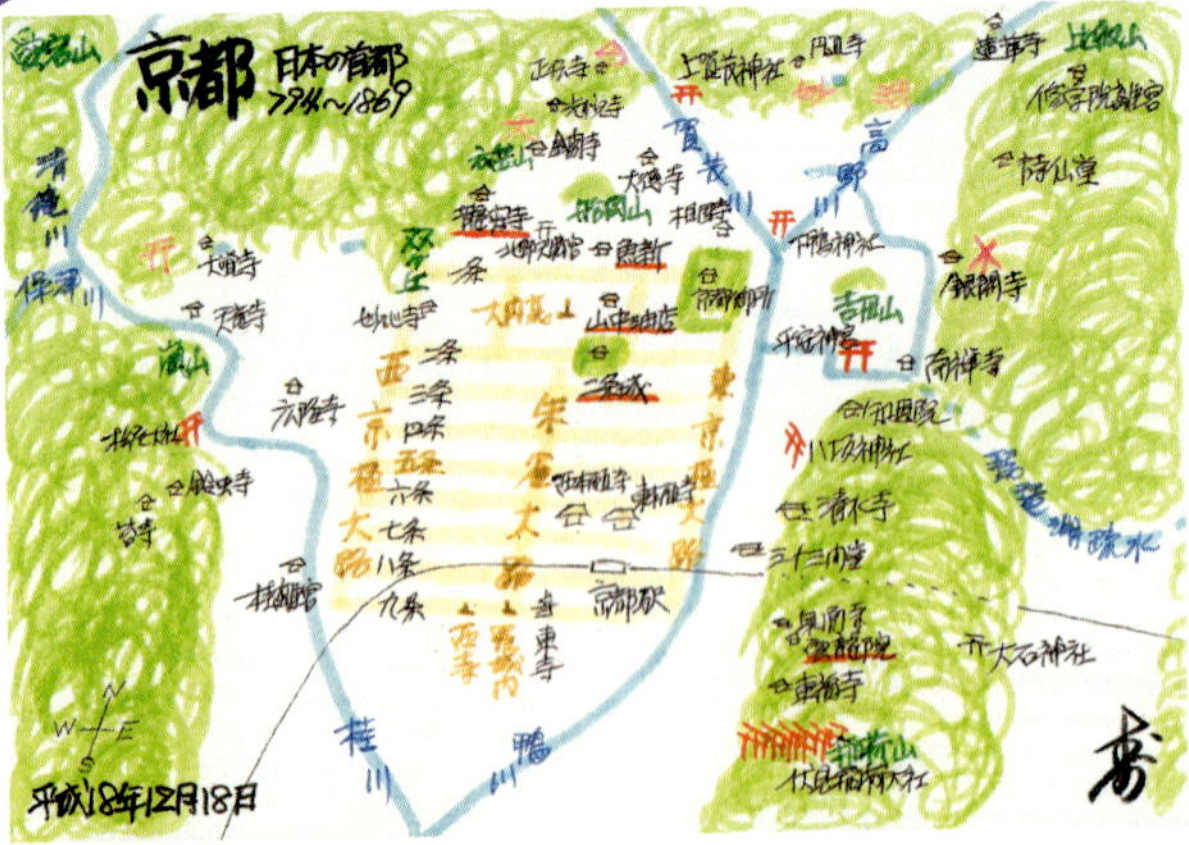

MIYAWAKI

憧れだった中村さんのハイヤーに実際に乗ってみて、心地良さを実感！

HAGIHARA

息子が日本史に関心を持つ年頃になったら乗せてあげよう

「また、中村さんのハイヤーに乗りたい！」という思いを胸に、帰路についた3人でした。

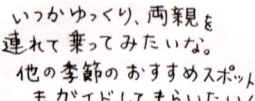

＊この章で紹介したスポット＊

【名前】	【住所】	【最寄り駅または電話番号】	【地図】
二条城	中京区二条通堀川西入二条城町541	市バス「二条城前」	地図①参照
龍安寺	右京区竜安寺御陵下町13	市バス「竜安寺前」	地図②参照
雲龍院	東山区泉涌寺山内町36	市バス「泉涌寺道」	地図⑪参照
山中油店	上京区下立売通智恵光院西入ル	075・841・8537	地図①参照
西陣魚新	上京区中筋通浄福寺西入中宮町300	075・441・0753	地図⑤参照
愛染工房	上京区中筋通大宮西入	075・441・0355	地図⑤参照
老松	上京区北野上七軒	075・463・3050	地図⑤参照
五辻の昆布	上京区五辻通千本東北角	075・431・0719	地図⑤参照
京とうふ藤野	上京区一条通り御前通り西入ル	075・463・1035	地図⑤参照
ぎをん小森	東山区祇園新橋元吉町61	075・561・0504	地図④参照
長楽館	東山区祇園円山公園内	075・561・0001	
甘春堂東店	東山区正面通川端東入ル	075・561・1318	
洛匠	東山区高台寺北角通下河原東入鷲尾町516	075・561・6892	
RAAK祇園切通し店	京都市東山区祇園町北側259・1番地	075・525・2468	地図④参照

とっておき京都 目次

2 春のお客様向けのコース

5 秋のお客様向けのコース

6 冬のお客様向けのコース

1

初めてのお客様向けのコース

まずはご挨拶から……

ありがとうございます。エムケイハイヤーの中村でございます。

実際にハイヤーでご案内するときは、自分のことはほとんどお話ししないのですが、これから一冊おつきあいいただくわけですから、少々お話しさせていただければと思います。

私は一九八一年、二十九歳のときにエムケイに入社いたしまして、昨年（二〇〇六年）勤続二十五年を迎えました。現在はハイヤー課に所属しておりまして、おもに法人のお客様のご用命により、京都のご案内をさせていただいております。

京都には各国の要人の方々や、ハリウッドの俳優さんなどもよくおいでくださいますので、そういったいわゆるＶＩＰのお客様を担当することもしばしばです。

とはいえ、エムケイに入社した当初は、こんなにも長くこの仕事にたずさわることになるとは、夢にも思っていませんでした。当時、家の事業のことで短期間でお金を稼《かせ》がなくてはいけない事情がありまして、最初は収入のいい大型トラックの運転手になりたいと思っていたのです。ただいかんせん、大型の運転免許を持っていませんでしたので、とりあえずタクシーのドライバーを腰掛け的にやって、大型の免許がとれたらトラックの運転手に転職しよう、というくらいのつもりでエムケイに就職したのでした。エムケイがどういう会社かということもまったく知らず、新聞広告の「高給優遇」という文句に惹《ひ》かれてのことでした。仕事の内容も「街を流して、お客さんが手を挙げられたら乗っていただけばいいんだろう」といった程度の認識だったのです。

私がこの業界に入った当時は、まだタクシーやハイヤーで観光をするというシステムがほとんどできておりませんで、エムケイでも数人の先輩が、自発的に観光タクシー、ハイヤーの業務を始めていた頃でした。それが、初乗務から二ヵ月ほどたった頃、「観光部」を作るので試験を受けてみないかと先輩にすすめられ、なんの気なしに受けてみたら合格してしまったので、そのままこの道に進むことになったというわけです。

そのときの試験は京都の歴史に関するものでしたが、京都に住んでおりますと、「門前の小僧」ではありませんが、いろんな史実なども自然と耳に入ってきますので、わりあい簡単に答えることができました。私の家は曾祖父の代から京都で、ただずっと住んでいるだけなのですが、「三代続けば……」ということも申しますから、私もいちおう京都人ということになるのかもわかりません。

普通のドライバーから観光専門のドライバーになるというのは、現在ではなかなかこんなに簡単にはいかないのですが、自分はとても幸運だったのだと思います。ここまで続けてこられましたのも、未熟でもとにかく一生懸命やらせていただいて、その気持ちがお客様にきっと通じたのだ、と思っております。またエムケイという会社が持つ魅力も大いにありましたし、人とのつながりでさまざまな幸運にめぐりあえて、数多くの皆様に育てていただいたおかげで現在があるのだと思っております。この場をお借りして深く感謝いたします。

英語習得のため海外へ

海外からのお客様に対応するため、ドライバーの英語習熟を目的として海外語学研修制度が設けられ、私も一九九二年の秋、英国のバースで語学学校に通わせていただきました。英語のBATHの起源になった、ローマ帝国時代にできた古い町での三週間、学校はもちろんホームステイしたお宅や街角での会話のやりとり、すべてが勉強でした。

エムケイとしては初の海外研修で、四名の仲間とともに渡英いたしました。そのときのエピソードですが、ヒースロー空港での入国審査の際、メンバーの一人がなかなか出てきません。あとで聞きましたら、審査官の問いかけに、職業はタクシー運転手、渡航目的は語学研修と答えたところ、不審に思われてしまったということだったのです。審査官は何のためにタクシー運転手が日本からわざわざ英語の勉強をしに来たか、まったく理解できなかったのでした。

この話を聞いたとき、自分たちエムケイの社員がいままさにやろうとしていることは画期的、歴史的なことかもしれないと身震いいたしました。なぜなら、ロンドンのタクシー運転手の社会的な地位はとても高く、資格取得にはかなりの難関を突破しなければならないと聞いていたからです。そのお膝元である英国の審査官が疑問に思うほどのことをまさにやろうとしているのですから、この語学研修を絶対に成功させなければと、そのとき強く誓いました。おかげさまでこの年を皮切りに、毎年途切れることなく数名の社員が英国で研修しております。

外国のお客様も大勢いらっしゃいますので、日頃から英語力のブラッシュアップに努めております。休日にはよく妻と映画を観にいきますが、洋画の場合はなるべく字幕を見ないようにして耳を馴《な》らしています。

ご案内するコースは、一番にご希望を伺って、ご相談しながら決めてまいります。事前に打ち合わせをさせていただくこともありますが、当日いきなり、ということもしばしばです。

この頃は情報の伝達が速いので、新しいお店などはお客様のほうがよくご存じのこともありますし、以前あったお店が閉店していたり、といったことも最近は

英語習熟のため、英国へ留学（写真中央が著者）

しょっちゅうですので、情報を確認しつつお客様のご都合にあわせて時間を調整して……と、いまだに毎日緊張の連続で乗務しております。

メモは財産

一日の仕事が終わって自宅にもどる。それから必ずすることは、今日のお客様をご案内したコースを記録することです。

どこのお寺に行かれたか、お土産物屋さんは、お食事をしたのは、車を止めたのは……。すべて細かく書き残します。特に先輩から教えられたというわけではありませんが、私も同僚たちもこれが毎日の習慣になっています。

ふだんからお使いくださるお客様に「いつものとこな」とか「いつものドライブお願いしますわ」と言われましたら、「どちらでしたでしょうか」と聞き返すわけにはまいりませんから、そんなふうに記録を残しておくことが私どもの仕事に欠かせません。

何年かあとにまた京都においでくださって、「あのときとは違うコースでお願いします」あるいは「同じお菓子屋さんにもういちど行きたい」といったご要望をいただくこともありますので、そんなときにも役立ちます。

ただしお客様に関する情報ですので、メモの取り扱いは非常に慎重に。絶対に外には漏れないようにしております。

これまで二十五年間の記録が、すべて私の財産になっています。

初めての京都は二条城から

京都が初めて、というお客様をご案内するときは、もちろんお好みにもよりますけれども、二条城《にじょうじょう》からスタートすることが多いですね。二条城は徳川家康《とくがわいえやす》が上洛した際の宿泊所として、また御所を守護するという名目で一六〇三年に造営され、一八六七年徳川幕府から朝廷への大政奉還が行われた、いわば歴史の転換点となったところです。明治維新後の一八八四年に皇室に譲られ二条離宮と称されました（現在は京都市の所有）。

世界文化遺産に登録された京都・大津《おおつ》・宇治《うじ》の十七スポットのひとつでもありますし、御所がある京都という都市の歴史や特性をご紹介するには、うってつけの場所と思います。

まず注目していただきたいのは、外堀の幅です。わずか数メートルほどで非常に狭く浅いので、現在駐車場になっているところまで昔はお堀ではなかったかと言われていたんです。しかし、いろいろとお調べになって、やはり昔もこのとおりのお堀だったということがわかったのだそうです。

徳川家康にとっては、二条城は防備のためのお城ではなく、自分の力を誇示するためのお城でしたので、堀が狭くても気にしなかったのでしょう。御所とわずか八百メートルしか離れていない場所にあるだけで、十分心が満たされたのだと思います。ある人が心配して家康に進言したところ、「攻め落とされるのなら、逆に取り戻すこともできるではないか」と言ったとか。家康らしいエピソードだなあと思います。

あの豊臣秀吉《とよとみひでよし》であっても、御所からはだいぶ離れた伏見《ふしみ》にしかお城を造ることができなかったわけですから、世の中の人は、なんと家康はこの京都の御所の真ん前に……とその権勢のすごさを感じたことでしょうね。いまはビルがありますから見えませんが、この近さですので当時は実際に二条城から御所が望めたと思います。

唐門の龍虎が意味するもの

おもしろいことに、家光《いえみつ》はここに秀吉の造った伏見城の門を持ってきているんです。唐門《からもん》と呼ばれておりますが、ここは二条城でも一番の見せ場だと思います。伏見城そのものを壊していながら、門だけは持ってきている。「天下は徳川が取ったんだぞ」というところを見せるためだったのかもわかりません。

この唐門には龍と虎がおります。中国の龍と虎の位置でいくと龍は東で青龍《せいりゅう》、虎が西で白虎《びゃっこ》ですが、こちらの唐門は逆なんですね。どうしてかなあと考えましたが、これはあくまで私の解釈ですけれど、たぶんわざと間違えたんではないかと思うのです。

たとえば東山《ひがしやま》にある知恩院《ちおんいん》さんの御影堂《みえいどう》には、屋根の上に瓦《かわら》が二枚、まるで普請中のようなかっこうで載せられております。これはお寺の方が説明してくださいましたけれども、その二枚の瓦をどこかに入れて初めて屋根が完成する、という意味だそうです。実際には雨漏りしたことはないそうですので、屋根はきっちり埋まっているはずですが、それでもそのまま置いてある。完成したものはあとは崩れていくしかありませんから、どこか未完の状態にとどめておく、という心なんだと思います。やはりあまりにも完璧なものはいかん、ということなのでしょうね。

考えてみましたら、人間にも同じことが言えると思います。完璧な人よりも、ちょっと抜けていたほうがより魅力的だったりもいたします。常に向上心を持ちなさいという意味に解釈すればいいのでしょうか。

ところでこの唐門についていますす飾金具、表から見ますと菊のご紋ですが、裏

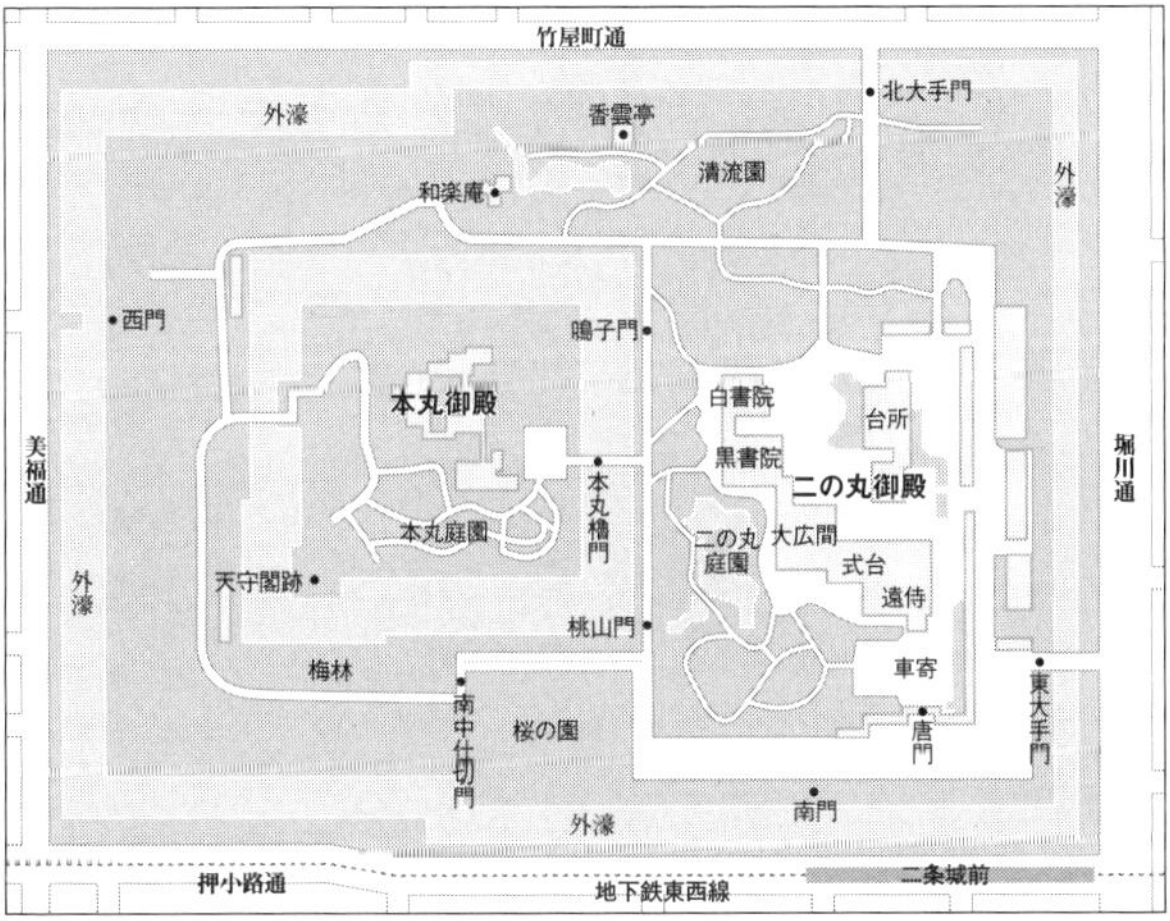
竹屋町通
北大手門
外濠
香雲亭
清流園
和楽庵
西門
鳴子門
本丸御殿
白書院
台所
黒書院
二の丸御殿
美福通
堀川通
本丸櫓門
本丸庭園
二の丸庭園
大広間
式台
遠侍
天守閣跡
桃山門
梅林
車寄
南中仕切門
桜の園
唐門
東大手門
南門
押小路通
地下鉄東西線
二条城前

二条城

側にうっすらと葵の御紋の跡が残っているのが、この間雑誌で紹介されていました。実際に見ることはできませんが、明治に入って皇室の離宮になった際に、葵の紋を菊のご紋に打ち直したわけですね。このようなところにも歴史の変遷がごらんいただけるかと思います。

入城券を買って東大手門を入ると、右手に番所があります。ここに警備のお侍さんが百名配属されていて、五十名ずつ交代で昼夜たがわず警備していたそうです。徳川三百年はおおむね平和な時代でしたので、たいして緊張することもなく、射的などして遊んでいたというお話です。

三代将軍家光が一六三四年に入城して以降、十四代将軍家茂《いえもち》が一八六三年に来られるまで、代々の将軍はどなたも二条城に来たことがありません。家茂の正室は皇女和宮《かずのみや》ですので、京都に来られる理由もいろいろあったのでしょうね。

余談ですが、家茂はとても人柄のよい方だったといいますね。ご存じのとおり、和宮とは政略結婚のような形でしたけれど、夫婦仲はたいへんよろしかったんだそうです。

伏見城から持ってきた、二条城の唐門

江戸時代は「遠侍《とおざむらい》の間」から始まった

一般公開されている二の丸御殿は一六〇三年に家康が造営したもので、国宝に指定されております。武家風書院造の御殿で、約三三〇〇平方メートルで部屋数三十三。重厚な雰囲気ですが、絢爛《けんらん》豪華を極めた桃山文化の影響を受けて、飾金具の細工など何気ないところにも、きらびやかな華やかさが感じられます。

唐門をくぐり、車寄《くるまよせ》から入りますとまず「遠侍《とおざむらい》の間」があります。これは拝謁《はいえつ》にきた諸大名の控えの間で、別名「虎の間」といわれておりますが、その名のとおり、襖《ふすま》に虎の絵が描かれています。

なぜ虎かといいますと、その当時も虎は猛獣として知られておりましたので、大名方を心理的に威圧する目的もあったのではないかなと思います。その時代には国内には虎はおりませんでしたので、絵師も実際に見たことはなく、毛皮を見て想像で描いたという話もあるそうです。

御殿の襖絵は多くが金箔《きんぱく》のうえに描かれていますが、これは暗い室内をすこしでも明るくするためといわれています。夜になってろうそくを灯《とも》しますと、その光が金箔に反射して、より明るくなるのだそうです。二条城の障壁画は、狩野探幽《かのうたんゆう》をはじめとする狩野門下の手になるもの。それぞれの部屋の目的にそった襖絵も二条城見学の楽しみのひとつかと思います。

江戸時代は、「遠侍の間」で実質的に始まったといえるかもしれません。というのも、ここは一六一一年に家康が秀吉の嫡男《ちゃくなん》、豊臣秀頼《ひでより》と会見を行った部屋で、主従が逆転したことをはっきりと世間に知らしめた場所だったからです。家康は征夷大将軍となっても、豊臣の臣下であることにはかわりはありませんでしたが、秀頼を二条城に呼びつけ、しかも大広間ではなくて控えの間での面会です。徳川の圧倒的な力を見せつけたというわけでしょう。

家康は、このときに会った秀頼の賢さにおそれをいだき、大坂冬の陣、夏の陣をたくらんだと言われています。家臣を集めての作戦会議もこの二条城で行われました。

大広間の秘密

大広間は二の丸御殿で最も格式が高い場所です。諸大名との会見の場であり、大政奉還の発表もここで行われました。

一の間が四十八畳、二の間が四十四畳というたいへん広いお部屋です。

将軍に向かって右側の襖の向こう側にある、「武者返しの間」には、会見中、不測の事態にはすぐに飛び出してこられるように、警護の侍が控えていたのだそうです。大名方への威嚇《いかく》の意味があったのでしょう。

御殿では、諸大名は殿中袴《でんちゅうばかま》という裾の長い袴をはかなくてはなりませんでしたが、これも用心には用心を、ということでしょうか、大名方の動きを鈍くさせるためと言われています。

順路に沿ってずっと進みますと、次に黒書院《くろしょいん》というお部屋があります。こちらは徳川御三家をはじめとする親藩大名、譜代大名といった親戚《しんせき》筋の大名と内輪で面会するための場所でした。襖絵を見ますと、花鳥風月をモチーフにしたきらび

大政奉還の発表が行われた大広間

本丸御殿のゆるやかなカーブ「起《むく》り」

やかな絵画で、遠侍の間や大広間とはうってかわった華やかな雰囲気です。日本の国鳥、国花である雉《きじ》と桜が目に鮮やかです。将軍の居間や寝室がある白書院《しろしょいん》の襖絵は水墨画で、休息の場所にふさわしい落ち着いたお部屋です。

御殿を見学されていると、廊下がキュッキュッと鳴るのに気づかれると思います。これは「うぐいす張り」という工法で、侵入者を音で知らせる警備の一環であったということです。

ゆるやかなカーブを描く「起《むく》り」

本丸にはかつて、三代将軍家光が造営した五層建ての天守閣を含む豪華な御殿がありましたが、落雷で消失しました。現在の本丸御殿は明治に入って、京都御苑内にあった旧桂宮御殿を移築したもので、ご降嫁《こうか》前の和宮が一時期お住まいになったこともある建物です。

たいへん簡素なたたずまいの御殿ですが、屋根に特徴があります。すこし離れてごらんになると、全体がゆるやかなカーブを描いているのがわかります。これは「起《むく》り」という技法です。本丸御殿は、残念ながらふだんはごらんいただけませんが、春と秋に特別公開されております。御殿の遺構としてもたいへんに貴重なものだそうです。

かつて天守閣があった場所は現在は展望台として整備されていまして、東北の方向に比叡《ひえい》山を望めます。春先には梅園からの梅の香りがただよい、お天気のよい日はなかなかの眺めを楽しんでいただける気持ちのよい場所です。

二条城は花の名所でもあって、御殿見学のほかにもお庭や四季折々の花を見ていただく楽しみもあります。

桜はもちろん、季節を追って椿《つばき》、つつじ、さつき、ハナミズキ、萩、金木犀《きんもくせい》と、一年中なにかしらの草花がございます。秋はもちろん紅葉、黄葉がすばらしく、冬、二月頃になると梅林の梅が咲きはじめます。樹木も多く、楠や茶の木、なかにはめずらしいえんじゅの木や唐楓《とうかえで》の木もございますね。

二条城は日本史を肌で感じていただけると同時に、のんびり自然のなかで散策を楽しんでいただくこともできる場所なのです。

路地の楽しみ

名所旧跡ではありませんが、「あ、いいな」と思える場所が路地のあちこちにさりげなくある。これもまた京都の楽しみのひとつではないかと思います。お客様をご案内させていただくときも大通りではなく、なるべく細い道を通るようにしています。

二条城から金閣寺《きんかくじ》や龍安寺《りようあんじ》方面へ向かう際は、下立売通《しもだちうり》の「山中《やまなか》油店」さんに立ち寄ります。こちらでは京都の伝統的な家屋、町家《まちや》をいまも大事に保存しておられます。店舗も町家づくりですが、そのお向かいに所有している町家を「京・町家文化館」として一般に公開しておられます。おくどさんや明かり取りがある天井など、町家独特のつくりをごらんいただけますが、なかでも私はこの町家のお庭がとても素敵だと思います。ほんとうに小さな小さな坪庭なのですが、なんともいえないかわいらしい、風情《ふぜい》のあるお庭です。時間を忘れて写真撮影をされるお客様もいらっしゃいました。

お店ではいまも昔ながらの量り売りで油を売っておられます。菜種油や胡麻《ごま》油、最近はオリーブオイルなども置いていらっしゃるようで、パンにつけて試食もさせていただけます。

ほんの寄り道のつもりが、お客様が買い物に夢中になって、一時間もお邪魔したこともあります。もちろん何も買わなくても都合がつけば見学をさせていただけますが、そこはやはりお商売ですので、ほんのちょっとだけでも買ってあげていただけたらよろこばれるかと思います。

長州藩の刀傷が残る油屋さん

「山中油店」さんは創業が文政年間、およそ二百年もこちらでご商売をされている老舗《しにせ》で、御当主は五代目。幕末の蛤《はまぐり》御門《ごもん》の変の際、通りがけに斬りつけていった長州藩勢の刀傷がお店の柱に残っています。この付近は平安時代は御所の内《だい》裏《り》で、山中油店さんのあたりには一本御書所《いっぽんごしょどころ》、いまでいう国会図書館があったそうです。

お店の建物をじっくり拝見させていただくと、めずらしいものがいろいろとあります。たとえば「ばったり床机《しょうぎ》」。店先に備え付けられた出し入れ自在の陳列台のようなものです。それから竹製の樋《とい》。樋はこの頃はみなプラスチックになってしまいましたが、こちらではずっと竹を使っておられて、四年に一回、新しいものと取り替えられるそうです。

このお店のショーウィンドウに「昭和二十年六月二十六日」と但し書きがついた爆弾の破片が展示されています。京都は第二次大戦中も被害がなかったと思われていますが、実際は爆撃を受けていまして、破片はそのときのものなんです。私はこの近くの小学校に通っていたのですが、不発弾の処理が行われていたのをおぼえています。

何度行っても飽きることのない龍安寺

京都に初めておいでくださったお客様は、二条城の次は、龍安寺や銀閣寺《ぎんかくじ》にご案内することが多いです。メジャーではないお寺でいいお寺もたくさんありますが、初めての方でしたら、まず代表的なお寺さんから、ということになりますね。有名なお寺はたしかにお人も多いですが、やはりそれだけの魅力があるということなのでしょう。

私が特に好きなのは龍安寺です。お客様をご案内して、もう三千回近く行っておりますが、いまだに何度行ってもやっぱりいいなあと思います。ほんとうに飽きることがありません。

龍安寺といいますと、やはりまずは「石庭」でしょうか。砂紋が引かれた白砂に十五個の石を五・二・三・二・三に配置したたいへんに有名なお庭。お客様にご説明するときは、私もわかったようなことを言いますけれど、ほんとうはわからないですね。あの庭は、はっきり何を意味しているのかもわかりませんし、でもわからないからこそ、いいのかもわかりません。

石庭にご案内すると、石を数えられる方ですとか、じっとしておられる方ですとか、お客様によってさまざまです。たとえばお名前を出しますと、リチャード・ギアさんは、ずうっと座って眺めておられました。あの方はここがお好きみたいで、私がご案内したときは、石庭はもう何回目かでいらしたと思います。私が見ていますと、どうもリチャード・ギアさんだけではなくて、龍安寺の石庭は、外国の方ほどお好きなようにも思えますね。

いつでしたか、東京のテレビ局が石庭の砂紋を描く様子を取材されたときのことです。早朝に砂紋を描く学僧さんをテレビカメラがずっと撮影し、お寺さんも「まああうまく描けたな」と思っていたそうなんです。ところがよく龍安寺に来られる京都在住の外国の方が、「今日の砂紋はちょっと違いますね」と帰りに言われたそうなんです。「なんかぞおっとした」とお寺の方がおっしゃっていました。

あとで伺ったら、その学僧さんも普段は無心でやっておられるんですけど、そ

龍安寺の有名な石庭

の日はやはりどこかでカメラを意識していたそうなんです。禅でよくいわれますが、何でも「無心」でするのが一番いいのですが、「きれいに見せてやろう」という意識がちょっとでも混じると、何かが変わってしまうのですね。それにしても日本人の、しかもお寺の方でもわからなかったことを、その外国の方はよく気がついたものだなあと皆で驚いたことでした。

お庭を見るときは……

龍安寺の石庭は、皆様ご存じのとおり、十五個の石が置かれていますが、どの場所から見ても、十五個のうち必ずどれかひとつは見えない配置になっています。

ときどき私どもの同業者で、「ここから見たらぜんぶ見えますよ」と観光客の方に言っている人がいますが、それは立っているから見えるのであって、座っていたらけっして見えないのです。日本のお庭というのは、座って拝見するのが基本のようですね。伺うところによりますと、日本の庭師は、主賓が床の間を背に座った位置の目の高さで、額縁《がくぶち》に入ったような眺めになるように庭をこしらえるのだそうです。

そういえば、日本間では床の間に掛け軸はあっても、絵を飾ることはあまりいたしませんね。自然の美が一番だということなのでしょう。いろんなお庭を見ていますと、庭師の方というのは、ほんとうに自然を尊敬しておられるんだなあと思います。

小さなせせらぎのあるお庭などを見ても、ちゃんと水の流れを計算して、石を配置してあることがわかります。石に跳ね返る水の音が一種の音階となって、心地よい音を響かせているようです。ふだんは静かなピアノ協奏曲でしょうけれども、大雨のあとは交響曲になったり……。自然の力をさりげなくいかした庭というのは、ほんとうにいいものですね。

龍安寺方丈の北東には水戸光圀《みとみつくに》が寄進したと伝えられるつくばいがあります。禅の格言「吾唯足知」（吾《わ》れ唯《た》だ足るを知る）を図案化した銭型のつくばいです。

ごらんいただけるのはレプリカですが、まわりの青々したビロード苔や侘助椿《わびすけつばき》もたいへん美しく、趣《おもむ》きあるたたずまいです。

方丈の襖は現在は昭和に入ってから描かれた水墨画で、これも私はいい絵だと思いますが、かつては狩野派の見事な襖絵が七十一枚もあったとのこと。明治政府の廃仏毀釈《はいぶつきしやく》で財政難に苦しんだ時期に売り払ってしまわれたのだそうです。

最初は筑豊の炭鉱王、伊藤伝右衛門《いとうでんえもん》に買い取られましたが、その後の行方がわからずにいたら、メトロポリタン美術館で四枚（八面）が偶然発見され、さらに残りの一部がシアトルとロンドンで見つかりました。

「石庭」ばかりが注目される龍安寺ですが、魅力はそれだけではありません。鏡容池《きようち》という大きな池を中心に広がる回遊式庭園もぜひ楽しんでいただけたらと思います。五月から九月にかけて睡蓮《すいれん》の花が咲き、クロード・モネの絵を思いうかべます。

鏡容池南と西からは衣笠山《きぬがさ》が望めます。諸説あるようですが、私が聞いた話によりますと、いまから千年ほど前、仁和寺《にんなじ》を創建した宇多《うだ》天皇が夏の日に雪が見

禅の格言を図案化したつくばい

たいとおっしゃったので、臣下の者は何とか見せてあげたいと思われたそうです。そこで町中から白い絹布を集めてきてすっぽり山に被せたところ、月明かりに映えて雪のように見えたとのこと。それが絹笠山（現在は衣笠山）の名前の由来だそうです。

龍安寺にご案内したお客様には次のように付け加えます。天皇がたいそうおよろこびになられたのは夏に雪が見られたことではなく、普通なら無理だと思うようなご要望にあきらめずにトライした者がいたことをおよろこびになられたのではないでしょうか。無理だ、だめだと思ってしまえばその時点で一切の事が止まってしまいます。まさに「為せば成る」のこころです。

話は変わりますが、この衣笠山にちなんだ「衣笠丼」を食べさせてくれるお蕎《そ》麦《ば》屋さんが京都にはいくつもあります。油揚げを卵とじにした京都ではとてもポピュラーな丼物ですが、私は尾張屋さんの衣笠丼が絶品だと思います。場所は車屋町《くるまやちょう》押小路《おしこうじ》上ル、創業が室町時代という老舗のお蕎麦屋さんで全席禁煙なのも、私にはたいへんうれしいお店です。

祇園散策と舞妓さん

京都の夜、いろんな過ごし方がありますが、そのひとつとして祇園界隈《ぎおんかいわい》の散策をおすすめします。最近はしゃれたお店もいろいろとできていますし、角からひょこっと舞妓《まいこ》さんが出てこられたり、という楽しみもありますね。

舞妓さんに行き会える場所は、花見小路の有名なお茶屋さんの前や、祇園新橋のあたりなど。時間帯にもよりますが、だいたい二十分ほども待ったら出てこられるでしょうか。お願いすれば一緒に写真を撮ってもらえることもあるようです。

外国のお客様で祇園で一番古いお茶屋さんに行きたい、という方がおられました。一見《いちげん》さんは無理なところを、宿泊されていた老舗旅館を通してお願いして、通訳がわりに私もご一緒させていただいたことがあります。

お座敷では、舞妓さんの京舞を見たり、いろいろなお座敷遊び、たとえばお銚子の袴《はかま》を使った遊びなどされて、たいへんなよろこびようでした。お客様がお支払いになった金額は伺いませんでしたが、相当な額になったのではないでしょうか。

ほんとうにお茶屋遊びをするとなるとなかなかたいへんなことですが、最近では気軽に舞妓さんに会える場所もできています。

たとえば土日の午後のみですが、祇園のお茶屋「丸梅」さんで「舞妓　花の席」という催しをしています。舞妓さんの踊りを見て、そのあとお話や写真撮影をするという内容。平日ですと、貸し切ることもできますので、ご相談いただければと思います。舞妓さんに「どこの出身?」とか、「京言葉はどうやっておぼえたんですか」など、皆さんいろんなことをお訊《き》きになって、お喋《しゃべ》りを楽しんでおられるようです。

全国から舞妓さん志望の方が京都に来られていますが、なかには帰国子女の舞妓さんもおられます。北京《ペキン》に住んでいたそうですが、どうしても舞妓になりたくて、インターネットで宮川《みやかわ》町の舞妓募集に応募したとのこと。ついこのあいだ衿《えり》替《が》えして、芸妓さんになられたそうです。舞妓さんにも、いろんな方がおられま

祇園界隈では、舞妓さんに遭遇することも

す。

ご要望さまざま

お客様のご要望はさまざまですが、私も知らないことがたくさんありますので、そのたびに調べて、いろいろと調べた情報が頭のどこかに引っ掛かっていて、それがまた別の機会に役に立って……、ということの積み重ねのように思います。

ロシアからいらしたあるお客様のご希望は「大工道具を買いたい」というものでした。大工さんではありませんが、ご自分で家を造られるのだそうです。

当日の朝にそのご希望を伺いまして、私もそういったお店は存じませんでしたので、いろんなところに電話してどこの店がいいのか調べてご案内しました。一時間半ほどお店でいろいろごらんになって、二十数万のお買い物をなさいましたね。

「京都までいらして、どうして人工道具なんだろう?」と思われるかもしれないのですが、京都に観光にいらっしゃっても、お寺やお城ではなくて、という方もおいでです。私どもにとっては、お客様がどうなさりたいか、それにどのようにきちんとおこたえするか、というのが大事なことと思っております。

ドライバーのひとり言 その1

旅の記念に秘密のプレゼント

ちょっとした思いつきから始めて、ここ二十年ほどずっと続けていることがあります。

それは、お客様の昼食時間を利用した「絵葉書」づくり。これまでに三千枚ほど描いたでしょうか。カラーペンを使って一日のコースを手描きのイラストマップに仕立てて、お帰りの際にプレゼントさせていただくのです。ご旅行の写真をアルバムに整理されるときにこういうものがあったら便利かな、と思って始めたことですが、皆さんとてもよろこんでくださいます。

外国のお客様にはローマ字で地名などを書いてさしあげます。あるハリウッドの俳優さんご夫妻を四日間にわたってご案内したときは、色紙に全コースのマップを描いて、最終日のお帰りぎわにお渡ししました。

するとご夫妻がその色紙をごらんになって、ぽろぽろっと涙を流されたのです。

「誘っても君が食事に来なかったわけがやっとわかった。これをずっと描いていたんだね」とおっしゃって。四日間もお供をさせていただいて、いよいよ帰られるというときでしたので、このときは私もはんとうに泣けてしまいました。最後はおんがい抱き合うようにしてお別れしました。俳優さんには通常ないことですが、このお客様はご自宅の住所を教えてくださいました。もちろんこちらからはお礼状をお出しする以上のことはいたしませんが、こんなふうによろこんでいただけると、何よりの励みになります。

この絵葉書を渡した方がお知り合いを紹介してくださることも多く、そのご縁で先日はトム・ハンクスさんをご案内させていただきました。

この絵葉書づくり、これからもずっと続けていきたいと思っております。

＊この章で紹介したスポット＊

【名前】	【住所】	【最寄り駅または電話番号】	【地図】
二条城	33ページ参照		
知恩院	東山区林下町400	市バス「知恩院前」	地図④参照
金閣寺	北区金閣寺町1	市バス「金閣寺前」	地図②参照
龍安寺	33ページ参照		
銀閣寺	右京区銀閣寺町2	市バス「銀閣寺前」	地図③参照
山中油店	33ページ参照		
尾張屋	中京区車屋町通二条下ル	0120・17・3446	地図⑦参照
ぎをん丸梅「舞妓花の席」	東山区西花見小路団栗上ル	075・451・1881	地図④参照

2

春のお客様向けのコース

定番の平野神社と円山公園

春の京都と言いますと、「お花見をしたい」というお客様がたくさんおいでになります。

桜の名所としては、少々月並みのようですが、まずは平野《ひらの》神社と円山《まるやま》公園。人出が多いので敬遠なさる場合もありますが、やはりすばらしい桜の名所だと思います。

平野神社には魁 桜《さきがけざくら》、寝覚《ねざめ》桜などおよそ五十種類、四百本の桜の木がありますす。その年の気候によって前後がありますが、三月下旬頃に神門のところの枝垂《しだ》れの桜が咲きはじめ、その後、奥のほうから順々に開花していきます。最後の花が散るまで、二、三週間は楽しんでいただけますでしょうか。三月下旬から四月中旬頃まではライトアップもされていまして、露店も出てたいへんにぎやかです。四月十日は「桜花祭」が開催されまして、ご神事や、平安の時代装束を身にまとった氏子《うじこ》の方々による巡行などが行われます。

桜の名所として有名な平野神社

円山公園は枝垂れ桜が有名

円山公園には、皆様もよくご存じかと思いますが、たいへん有名な枝垂れ桜がございます。桜守《さくらもり》の佐野藤右衛門《さのとうえもん》さんが大事に世話をなさっておられる木で、現在は二代目の桜です。

佐野さんは嵯峨野《さがの》・広沢の池近くに、ご自身の広大な桜畑を持っておいでです。約二ヘクタールの畑におよそ百三十種、数万本もの桜の木が植えられているそうで、桜の開花中は自由に見せていただけます。広沢池のほとりにも桜が咲いていますので、こちらでもゆっくりと桜を楽しんでいただけるかと思います。

ほんとうに桜が好きな人とは

この佐野さんという方、代々円山公園の桜守をされているお家の十六代目ですが、よくテレビなどに出られておもしろいことをおっしゃっています。

「桜が咲いているときに、きれいだ、きれいだ、と言っているのは、ほんとうに桜が好きだとは言えない」「花が落ちて、葉が出てきて、毛虫が出てきて、そういうのも全部含めて桜が好きだ、と言う人がほんとうに桜が好きなのだ。皆、きれいなときだけちやほやする」と。なかなか含蓄《がんちく》のある言葉だなあと思います。

ところで、円山公園の枝垂れ桜はいま大ピンチなのだそうです。初代は昭和二十二年に樹齢二二〇年ほどで枯死してしまったのですが、現在の二代目は台風の被害などを受けて、樹齢八十年にならずしてだいぶ傷んできていると伺いました。佐野さんが土をいれかえるなど、いろいろと手立てをなさっておられるところだそうです。

円山公園にはこの枝垂れ桜の巨木のほか、染井吉野、山桜などおよそ八五〇本の桜がございます。桜の時期はライトアップもされていますので、夜間も楽しんでいただけます。

勝持寺の西行桜と薬師如来

中心地からすこし離れますが、春にぜひおすすめしたい場所があります。京都の西のほう、大原野《おおはらの》の勝持寺《しょうじじ》と善峯寺《よしみねでら》、そして光明寺《こうみょうじ》です。

勝持寺は西行《さいぎょう》法師が出家をしたお寺として知られる天台宗のお寺さんで、別名「花の寺」ともいわれています。四季それぞれにさまざまな花を楽しんでいただけますが、春は桜の名所として多くの方が訪れます。桜は染井吉野を中心に四〇本ほどあり、なかでも西行がお手植えをしたという「西行桜」が有名です。

こちらの収蔵庫に小さな小さな、じつにすばらしい薬師如来像があります。胎内仏というのでしょうか、仏様のなかに納められていたものだそうです。ご住職が説明してくださるのですが、このお声が低い、とてもいいお声なんです。ご説明を伺うたびに「お寺のお坊さんというのは、すごいものだなあ」と思います。このほかにもご本尊の薬師如来坐像などを拝観することができます。

勝持寺は「花の寺」というだけあって、一年中、植物が途切れることがありません。桜のあとは土筆《つくし》、そのあとは睡蓮、石楠花《しゃくなげ》、と続きます。初夏にはつつじ、紫陽花《あじさい》。秋には紅葉。こぢんまりとした素朴なお寺さんですが、どの季節に行っても、その季節なりの風情を味わっていただけるかと思います。

一年中、植物が途切れることのない勝持寺

勝持寺のそばにあります大原野《おおはらの》神社、正法寺《しょうほうじ》の桜もすばらしいですね。大原野神社の桜は、四月中旬の二、三日だけ白い花を咲かせる千眼桜という品種。大原野神社は紅葉で有名ですが、千眼桜も珍しいものですのでごらんいただく価値があるかと思います。正法寺では、獅子や象などに見立てた石が配された「鳥獣の庭」に見事な枝垂れ桜が咲きます。白砂に濃いピンクの桜が映える、たいへん美しいお庭です。

境内すべてがお庭の善峯寺

善峯寺は釈迦岳の山腹、約三万坪の境内《けいだい》を有しておられる広大なお寺さんです。境内全体がひとつの回遊式庭園として設計されていて、春の桜、初夏の紫陽花、秋の紅葉と四季折々の花を楽しんでいただけます。「遊龍の松」という樹齢約六百年の見事な松があり、別名「松の寺」とも言われています。長い長い見事な枝振りで、残念なことに十年ほど前に一部の枝が枯れてしまったということですが、それでもなお見ごたえがある名木です。

善峯寺は五代将軍綱吉《つなよし》の生母、桂昌院《けいしょういん》ゆかりのお寺でもあります。桂昌院は京都堀川下長者町《ほりかわしもちょうじゃまち》の八百屋の娘さんでしたが、春日局《かすがのつぼね》が「この子ならば」と白羽の矢をたて、家光公の側室にしたのでした。

この桂昌院という女性、なかなか勝気な女性だったそうですね。小さい頃はお父さんが野菜を行商する籠《かご》のうえに乗ったりして、非常に人気があったということです。綱吉が五代将軍になった折に、ここまで出世できたのは信心していたおかげだということで、京都、奈良、江戸など各地でお寺を寄進されたのですが、善峯寺もそのひとつです。桂昌院の遺髪をおさめた廟所《びょうしょ》は、玉の輿《こし》の御利益がある、などということも言われています。

それらの寄進されたお寺に行きますと、桂昌院の紋を目にすることがあります。「繋ぎ九つ目」と呼ばれるそのご紋は、お父さんが行商のときに使っていた籠の網目を模したものなのだそうです。

新緑の頃がすばらしい光明寺は、意外な穴場

光明寺は桜の季節ももちろんいいのですが、私は新緑の頃がとりわけいいなあと思います。境内《けいだい》のいたるところが鮮やかな緑につつまれ、じつにさわやかな気持ちになるのです。

たとえば山門から御影堂《みえいどう》に登る石段や、御影堂へ進む回廊から見える緑の景色など。境内に何百本もの楓の木があり、紅葉の美しさでも名高い場所ですが、街からすこし遠いせいか、普段はいつ行っても比較的人出が少なく、意外に知られていない穴場と言っていい場所でしょう。

浄土宗を開いた法然《ほうねん》上人が初めてお念仏を説かれたのが、現在の地にあたります。また光明寺には法然上人が荼毘《だび》に付された跡なども残っております。法然上人のご遺体は大谷の御廟に祀られていましたが、浄土宗が迫害を受けていた時代でしたので、ご遺体をそのままにしておいたら他の宗派にどうかされてしまうということで、京の町を駆け抜けて、こっそりこちらに運ばれたということです。

枝振りが見事な、善峯寺の「遊龍の松」

たけのこが一番美味しい日

春の旬菜《しゅんさい》といえば、やはりたけのこ。たけのこ料理といえば、錦水亭《きんすいてい》さんがよく知られています。長岡天神（長岡天満宮）のお隣り、八条ケ池の近くにお店をかまえておられます。

三月〜五月の旬の時期に、ご自分のところの竹藪《たけやぶ》で採られた朝掘りのたけのこを使ったフルコースを用意しておられます。木の芽あえ、お造り、田楽、輪切りのたけのこをかつおと昆布だしで煮た「じきたけ」と呼ばれるお料理など、代々伝わる秘伝の調理法があるそうで、当主のかたがすべての料理を手がけておられます。

ここの女将《おかみ》さんに、「たけのこが一番美味しいのは四月二十一日、その前後一週間くらい」と伺ったことがあります。四月二十一日というと英国のエリザベス女王のお誕生日です。英国王立病院のドクターをご案内した際に、そのことをお話ししたら、とてもおもしろがって「国に帰ったら女王陛下に話そう」と言われました。

実際に女王陛下にお話が伝わったかどうかはわかりませんが、ひょっとしたらお食事のメニューに上がったりするかな？　と想像をめぐらせてしまいました。

長岡天神（長岡天満宮）は菅原道真《すがわらのみちざね》をご祭神とする学問の神様です。ちょうどたけのこをいただける四月でしたら、初旬は桜、下旬はキリシマツツジが見頃です。桜は、八条ケ池の堤に約百本が咲き乱れ、風雅な池の景色とともに楽しんでいただけます。

インクライン跡は桜の季節が最高

インクライン跡も桜の頃は最高です。そんな季節のよい時期にお散歩されたら、ほんとうに気持ちがいいことと思います。

京都と琵琶湖《びわこ》を結ぶ琵琶湖疏水が開通したのは一八九〇年。インクラインはこの疏水の要《かなめ》ですが、急な傾斜にレールを引き、台車に載せた船を引っ張りあげるシステムで「傾斜鉄道」とも言われています。昭和初期まで実際に使用されていました。琵琶湖疏水は当時二十五歳だった田辺朔郎《たなべさくろう》という方が設計したものですが、完成するまで京都府民から「そんなことができるわけがない」と総スカンを食っていたとのこと。当時は、そんな高い技術力を要する事業は、外国人の力を借りなければできないと思われていましたので、日本人だけの力でやるなんてとんでもない、ということだったようです。結果は大成功で、いまも田辺さんの銅像が疏水公園にございます。

インクラインそばの琵琶湖疏水記念館で疏水の歴史をごらんいただけますが、その説明によると、世界で最も古い水力発電所はアメリカのアスペン、二番目が京都の蹴上《けあげ》発電所とあります。あるとき英国の環境大臣をご案内した際にそのようにご説明しましたら、あとから本を送ってきてくださいました。本にはアンダーラインが引いてありまして、イングランドのニューカッスル付近にあるクラグサイドという小さな町にある水力発電所が世界で最古とありました。同じ本に、エジソンが発明したとされる二年前に、すでにヨセフ・スワンが電球を発明していたという記述もあります。歴史というものは、最初に言った者、登録した者勝ち、みたいなところがあるのでしょうか。なんともわからないものだなあと思いました。

疎水記念館の向かいには、松下幸之助《まつしたこうのすけ》さんの「真々庵《しんしんあん》」があります。小説『さゆり』に二股ソケットを発明したジェントルマンが「栄真庵」という邸宅を購入するという話が出てきます。住所も同じですし、二股ソケットといえば松下さんの発明ですので、きっと「真々庵」をモデルになさったのだと思います。現在は松下さんのゲストハウスとして使用されているそうです。

近くには料亭の「瓢亭《ひょうてい》」さんがあります。こちらは朝粥がたいへん有名ですが、これはもともと、南禅寺《なんぜんじ》付近に別邸を構える旦那衆が祇園で飲んだ帰りの明け方に「なんか食わせ」と雨戸をどんどん叩《たた》いてご主人を起こし、ご主人のほうもお馴染《なじ》みさんたちですので断われず、急遽出したのが朝粥だったそうです。

瓢亭さんで本格的に懐石料理をいただくとお時間が二時間はかかりますが、お昼でしたら西隣りの別館で松花堂弁当などがございますので、短い時間で気軽に雰囲気を楽しんでいただけます。桜の時期にインクラインをお散歩されて、そのあと瓢亭さんでお昼をとられるのもよろしいかもしれません。

石庭だけじゃない龍安寺

あまり知られていないことですが、石庭で有名な龍安寺は、お花もすばらしいのです。石庭の手前に、鏡容池の回遊式庭園がありまして、広々としていてまるで公園のよう。四季折々、さまざまなお花を楽しんでいただけます。もちろん桜も見事です。たとえたら「桜の園」のような場所がありまして、この時期に行きますと、いつもうっとりとします。龍安寺というと、どうしても石庭に関心が集まってしまって、「龍安寺に花見に行こう」という方はあまりおられませんので、ここも穴場だといえるかもしれませんね。

桜の前は、梅も桃もあります。桜が終わったら、石楠花、藤、つつじ、睡蓮《すいれん》。睡蓮は五月頃から九月まで咲いていますので、長い期間楽しんでいただけますでしょう。ただし、花が咲いているのは午前中です。秋は紅葉、冬は椿などがすばらしい。いろんな花、いろんな木があって、一年中いつも何かしらある、という趣向になっています。石庭はどれだけ見ても、見飽きるということがないお庭ですが、春は正面に植えられた桜が白砂に映えて、これもまたたいへん美しいのです。

宗忠神社の桜

京都大学の近く、吉田山の一画に宗忠《むねただ》神社という、こぢんまりした端正な神社があります。こちらの鳥居へと続く石段の桜は圧巻です。ガイドブックなどでもあまり紹介されていませんので、観光のお客様を見かけることはほとんどありません。

すぐそばには美しい三重塔や紅葉で知られる名刹《めいさつ》、真如堂《しんにょどう》があります。宗忠神社は真如堂と一本の道でつながっていますので、真如堂からまっすぐに車を進めていくと、目の前に桜がばあっと広がる。思いがけない光景に、お客様もよろこんで車を降りて、ゆっくり鑑賞されることもしばしばです。どこかに行って花見をする、ということではなしに、なにげない通り道で桜が楽しめる。こんなところも京都のよいところかもしれません。

ほかにもドライブの道々にお花見を楽しんでいただけるコースがあります。たとえば、賀茂《かも》川、高野《たかの》川の堤防沿い。それから琵琶湖疎水沿いの北のほうなど。琵琶湖疎水の南は哲学の道。ここの桜もいいのですが、最近では人通りが多いせいか、かなり傷みが激しくなってきていると聞きました。北は住宅地ですので、比較的ひっそりとしています。

秘密にしておきたい桜の名所

それから、ほんとうは秘密にしておきたいのですが、散っていく桜が非常にきれいな場所があります。

まるで公園のような、龍安寺の回遊式庭園

上賀茂《かみがも》神社のそばに境外摂社の大田《おおた》神社がありますが、この近くの山中で「大田の小径」といいます。時期をみはからって桜が散る頃に行きますと、いちめんの桜が雪のように舞っている。ご案内するほとんどのお客様が、車を降りて花吹雪のなかを歩いてみたいとおっしゃいます。

青蓮院の飛び地「大日堂」

桜のほかにも、春の京都には美しいものがあります。たとえば桃の花。

東山ドライブウェイ頂上近くの将軍塚に、青蓮院《しょうれんいん》の飛び地で「大日堂《だいにちどう》」というところがあります。三月半ばから四月にかけて、枝垂れの桃の花が咲きまして、その姿がとても可愛らしいのです。こちらのお堂はお花だけでなしに、高台ですので景色もすばらしく、そんなこともきっとよろこんでいただけることと思います。

大日堂には桜もたくさんあります。桃の次は、桜も楽しんでいただける、というわけです。しかも高い場所ですので開花が少々遅めで、よその桜が終わっていても、ここはまだ残っていることがあります。市街から離れているためでしょうか、車でおいでになる方も少なくて、桜の真っ盛り、京都中ごったがえしている時期に行きましても、ほとんど貸し切り状態です。「こんな静かなところがあったんか……」とうれしくなってしまいます。

春と秋はライトアップもされていますので、夜に行かれましたら、東山の頂上から眺める夜景とあわせ、また違った雰囲気を味わっていただけるのではないでしょうか。

ゴールデンウィークは最終日がおすすめ

桜が終わりますと、すぐにゴールデンウィークに入ります。この期間、京都にも大勢のお客様がおみえになりますが、案外とお人が少ないのは最終日の五月五日、六日頃。この日はお帰りになられる方が多いので、午後になったらたいていどこも空いています。

五月五日といえばお節句ですが、この日は例年、上賀茂神社で競馬《くらべうま》という行事が行われます。競馬《けいば》と書きますが、賭けをするわけではありません。その年の農作物の豊凶を占うご神事で、二頭の馬を走らせて、例えば左側の馬が勝てば豊作、ということになるわけです。

もちろん、だからといって右側が勝ったから今年は凶作、というわけではありませんが。すべて昔の装束でなさいますので風情があって、興味深くごらんいただけるのではないかと思います。

比叡山を望む静かなお寺

これはゴールデンウィークに限りませんが、お客様から「なるべく人が少ない静かなお寺を」というご希望がありましたら、西賀茂の正伝寺《しょうでんじ》にご案内することがよくあります。最近ではちらっとマクドナルドさんのコマーシャルに出てき

大日堂は桃や桜だけでなく、景色もすばらしい

装束もおもしろい、上賀茂神社の「競馬《くらべうま》」

ましたが、あまり宣伝などされておられないので、団体さんがいらっしゃるとき
のほかはほとんど空いています。

ご本堂は伏見城の遺構を移築されたもので、なかでも「血天井」がよく知られ
ています。関が原の戦いの前、鳥居元忠《とりいもとただ》が守る伏見城が落城し、元忠ら家康の家
来およそ三百八十名が伏見城で切腹しました。廊下に残ったこの方々の血糊が、
一生懸命に拭いてもどうしてもとれない。供養をしなければ、ということで、京
都の五箇寺の天井板に血糊が残る伏見城の廊下を使ったというわけです。正伝寺
のほかに、養源院《ようげんいん》、大原の宝泉院《ほうせんいん》などがあります。

正伝寺には涅槃《ねはん》像の大きな掛け軸がありますが、このお軸、お釈迦様のお姿が
すべてお経で書かれています。ごらんいただけるのはコピーですが、備え付けの
ルーペで見ますと、ほんとうに細かい字で「摩訶般若波羅蜜多……」と書いてあ
ります。ちょっと離れて見ると、普通の線にしか見えないのですが。

お庭は小堀遠州《こぼりえんしゅう》作、比叡山を借景にした枯山水庭園で、五月頃はさつきが咲
いて、たいへん美しいお庭です。高い場所ですので遮《さえぎ》るものが何もなく、お庭

比叡山を借景にしている正伝寺の庭園

正伝寺の「血天井」

の向こう側にすっと比叡山がごらんいただけます。ほんとうに静かな、いいお寺さんです。

雲龍院――京都駅の近くにこんな静かな場所が

もうひとつ静かなお寺を挙げるとしたら、泉涌寺《せんにゅうじ》の塔頭《たっちゅう》、雲龍院《うんりゅういん》でしょうか。京都駅から車で五分ほどのところですが、こんなにいいところが……と思われるのではないでしょうか。

雲龍院ではお抹茶《まっちゃ》もいただけますし、ご本堂では写経もできます。写経体験ができるお寺さんはほかにもありますが、こちらは古くから写経道場としてずっとやってこられた場所ですので、また特別の意味があるかと思います。ともかく落ち着いた雰囲気で、人もあまり来られませんので、ゆっくりしていただくにはよいお寺さんかと思います。

お抹茶に添えてくださるお菓子は、ご住職のご家族が手作りなさっておられま

京都駅の近くにある静かな空間・雲龍院

雲龍院では写経もできる

す。材料はほとんどを自家栽培されていて、仏様にお供えしてからお使いになっているとのこと。冬には温かい葛《くず》と白玉のお菓子「柚ごもり」など、季節によっていろいろなお菓子がいただけるようです。

この近くには他にもいくつかこぢんまりとしたいいお寺さんがありますが、そのひとつが同じく泉涌寺の塔頭である来迎院《らいごういん》です。こちらには大石良雄《おおいしよしお》（内蔵《くらの》助《すけ》）が寄進した、お茶室があります。実は大石内蔵助はこのお寺の山の反対側に住んでいて、事が起こったら山越えをして、おじさんがいる泉涌寺に逃げ込めるようにと準備をしていたそうです。なんでも昔はお寺は治外法権ということで、お寺に逃げ込んだら追手もどうすることもできなかったそうです。

歌舞伎の「仮名手本忠臣蔵」では大石内蔵助をモデルにした大星由良之介が足しげく通っていたのは祇園のお茶屋、一力さんとなっていますが、実際に大石が通っていたのは伏見撞木町《しゅもくまち》の遊郭だったとのこと。一力さんでは、毎年十二月十四日の討ち入りの日に「大石忌」という追悼の行事をなさっておられますが、そのことに何ら異論をとなえるつもりはありません。

葵祭のみどころ

五月には京都三大祭のひとつ、葵《あおい》祭が行われます。これは上賀茂神社と下鴨《しもがも》神社の例祭で、正式には「賀茂祭」といいます。この起源は六世紀にさかのぼり、源氏物語にも出てくるほどですので、たいへんに由緒のある行事です。江戸時代に、行列する人すべてが葵の葉を飾るようになり、それから「葵祭」と呼ばれることになったそうです。

みどころはやはり五月十五日の行列「路頭の儀」です。かつては皇女が斎王《さいおう》としてご祭祀を司《つかさど》っておられましたが、現在は民間から選ばれた「斎王代」が祭の中心です。平安貴族の衣装に身を包んだ斎王代をはじめおよそ五百人、そして馬や牛車《ぎっしゃ》からなる行列が、御所から下鴨神社を経由して、上賀茂神社までの約十キロを行列されます。お衣装もすばらしいですし、平安の王朝絵巻さながらで、観光客の方もたくさんおいでになります。

御所と下鴨神社に有料観覧席が設けられますので、見物されるとしたら、有料観覧席をおとりになるのが確実かと思います。もちろん鴨川の河原などで場所取りをされたりするのもよろしいのですが、交通整理の関係で移動させられることもありますし、普通の道はお人が鈴なりになっておられますので……。

この行列は雨天の場合は順延となります。やはりお衣装が貴重なものですので、雨に濡れてはたいへん、ということがあるのかと思います。ある年、二日続けて順延になり、行列が中止になってしまいました。このときは斎王代に選ばれたお嬢さんがお気の毒だというので、翌年そのお嬢さんが再び斎王代になられたことがありました。現在は斎王代がいわば葵祭の主役のようなものですので、選ばれるのはとても名誉なことで、ある種のステイタスにもなっているようですね。

「葵祭」王朝絵巻のような斎王代（写真提供・読売新聞社）

ドライバーのひとり言 その2

SAYURIとお稲荷さん

スティーブン・スピルバーグ監督をご案内させていただいたことがありましたが、そのあと監督のご紹介で映画「SAYURI」の美術監督さんが映画のロケハンにいらっしゃいました。そのときも私が担当させていただいて、京都中、いろんなところへお連れいたしました。

「SAYURI」で、子供時代のさゆりが「会長さん」に初めて会うシーンは原作では祇園という設定ですが、映画はお稲荷さんの鳥居を通り抜けて祇園へ行くことになっていました。そのシーンが撮影されたのが、伏見のお稲荷さんです。美術監督さんを伏見稲荷にお連れしたとき「ここはいいなあ」とおっしゃっておられましたので、たぶんその最初にごらんになったときの印象が強くて、ロケ地に選ばれたのかなあと思いました。

映画に登場したのは、信者さんが寄進された鳥居がずっと続いている「千本鳥居」

です。鳥居の裏側には寄進なさった方のお名前があります。木製ですので年月が経過しますと朽《く》ちてきますので、十四、五年に一回くらい、「朽ちてきてますけど、どうされますか」というお伺いがお稲荷さんからくるそうです。人間がやっと通れるくらいの一番小さいのが、何年か前にお尋ねしたところ、十七、八万円とのこと。

こんなふうにお稲荷さんはお金を集めるシステムがとてもよくできているんですが、それは昔、秀吉が母親の大政所《おおまんどころ》が病気になったとき、お母さんがよくなったら土地をやるから拝め、拝め、とあちこちの神社に言っておきながら、約束を反故《ほご》にしてしまった。伏見稲荷さんも同じように空約束をされていましたので、自分たちのことは自分たちで……と「稲荷講」という組織を作って資金集めをするようになったのだそうです。

＊この章で紹介したスポット＊

【名前】	【住所】	【最寄り駅または電話番号】	【地図】
平野神社	北区平野宮本町1	市バス「衣笠校前」	地図⑤参照
円山公園	東山区円山町	市バス「祇園」	地図④参照
勝持寺	西京区大原野南春日町1194	阪急「東向日」駅から阪急バス「南春日町」	地図⑧参照
大原野神社	西京区大原野南春日町1152	市バス・阪急バス「南春日町」	地図⑧参照
正法寺	西京区大原野南春日町1102	市バス・阪急バス「南春日町」	地図⑧参照
光明寺	長岡京市粟生西条ノ内26・1	阪急バス「光明寺」	地図⑧参照
善峯寺	西京区大原野小塩町1372	阪急バス「善峯寺」	地図⑧参照
長岡天満宮	長岡京市天神2丁目15・13	阪急「長岡天神」駅	地図⑧参照
琵琶湖疏水記念館	左京区南禅寺草川町17	地下鉄東西線「蹴上」駅	地図③参照
龍安寺	33ページ参照		
宗忠神社	左京区吉田下大路町63	市バス「京大正門前」	地図③参照
真如堂	左京区浄土寺真如町82	市バス「真如堂前」	地図③参照
大田神社	北区上賀茂本山	市バス「上賀茂神社前」	地図⑫参照
大日堂	山科区厨子奥花鳥町28	東山ドライブウェイ頂上近く	地図④参照
上賀茂神社	北区上賀茂本山339	市バス「上賀茂神社前」	地図⑫参照
正伝寺	北区西賀茂北鎮守菴町72	市バス「神光院前」	地図⑬参照
雲龍院	33ページ		
来迎院	東山区泉涌寺山内町33	市バス「泉涌寺道」	地図⑪参照
下鴨神社	左京区下鴨泉川町59	市バス「下鴨神社前」	地図⑥参照
伏見稲荷	伏見区深草藪ノ内町68	京阪「伏見稲荷」駅	
錦水亭	長岡京市天神2丁目	075・951・5151	地図⑧参照
インクライン		地下鉄東西線「蹴上」駅	地図③参照
瓢亭	左京区南禅寺草川町35	075・771・4116	地図③参照

3

梅雨どきのお客様向けのコース

雨の日の蓮華寺はすばらしい

梅雨どきは一日中雨のなかをご案内する、ということもしばしばです。そんなときは、お客様のご希望次第ですが、なるべく足下が濡れない場所、室内でお庭をごらんいただける場所を選んでご案内させていただいております。

たとえば蓮華寺《れんげじ》。こちらはお庭がすばらしいのですが、私が特に好きなのはお茶室です。お茶室の外に小さなせせらぎがありまして、水が流れるサラサラという心地よい音を楽しみながらお茶をいただくことができます。春は桜のはなびらが流れてきたり、秋は紅葉がすーっと流れてきたり。もちろん新緑の頃もすばらしいです。雨がすこし降ったりすると、緑がいっそういきいきとして、なおさらいいですね。

蓮華寺の入り口には、「修学旅行の中学生お断り」と書いてあります。事情はわかりませんが、「中学生にはお寺の雰囲気はまだ無理ですよ」ということなのでしょうか。ともかくあまり団体さんも来られないようですので、たいへん静か

蓮華寺の庭はすばらしい

廬山寺「源氏の庭」の桔梗

なお寺さんです。お願いをして手が空いておられたら、ご住職がご案内をしてくださることもあるようです。

梅雨の時期というのはどうしても敬遠されがちですが、雨に洗われた緑が輝きを放って、京都に住みながら、「こんなきれいな街に住んでいたんだなあ」と思うことがあります。あらためて惚《ほ》れなおすような感じでしょうか。お人も少ないですし、雨の日というのは、逆にチャンスではないかと思ったりいたします。

「源氏物語」誕生の地、廬山寺

六月に入りますと、廬山寺《ろざんじ》の桔梗《ききょう》が咲きはじめます。こちらは紫式部《むらさきしきぶ》の邸宅跡と言われ、源氏物語もこの場所で書かれたと伝えられています。境内にあります「源氏の庭」は、白砂利が敷きつめられたなかに、時期になるとところどころ桔梗が咲く、とても端正なお庭です。桔梗の花は六月から九月頃まで楽しんでいただけますでしょうか。

ここには源氏物語の初めての英訳、“The Tale of Genji”をお出しになったアーサー・ウェイリーさんの写真が飾ってございます。この方のおかげで源氏物語が世界中に広まったそうです。一九九九年タイム誌の「二十世紀で最も注目すべき人ベスト100」という特集でも、紫式部が「世界最古の小説を書いた人」ということで第七位になっておりましたね。

そのほかにも「源氏物語絵巻」の写しなど、紫式部ゆかりの展示がございます。

雨の南禅寺、金地院で庭を楽しむ

雨の日の観光では、南禅寺もおすすめです。お部屋でお庭を眺めながら、ゆっくり過ごしていただくことができると思います。

南禅寺はたいへんに広いですが、私はなかでも、塔頭《たっちゅう》のひとつ、金地院《こんちいん》にある小堀遠州作の石庭が好きです。広々とした白砂利の正面に、仏様に見立てた三尊石という大きな石が置かれ、その手前に礼拝石、左右に鶴と亀に見立てた石を配したお庭。この鶴亀の石に、徳川家の繁栄を祈念したといわれています。手前に白砂利を敷きつめた空間が大きくとられていて、しかも塀で囲まれておりませんので、なんとものびやかな気持ちになるお庭です。

この金地院は、徳川家康に仕えていた僧、金地院崇伝《すうでん》が再興したお寺さんです。家康が亡くなったとき、神号をめぐって天海《てんかい》と争い、結局は天海が勝って家康の神号は東照大権現《とうしょうだいごんげん》になったという歴史的な経緯があるそうです。東照宮という名のお宮は全国各地にありますが、金地院にも家康の遺髪をおまつりした木造の「東照宮」があります。

のちに京都のお公家さんが年に一回、日光《にっこう》に家康のお墓をお参りにいくという行事ができます。「例幣使《れいへいし》」といったそうで、栃木県にはいまも「例幣使街道」という道があると聞きました。

その例幣使のお話ですが、京都から日光まで街道筋をお公家様が通られると、「ああ、家康公のお墓に行くんだ」と人々になんとなくわかってしまう。家康の

小堀遠州が作った金地院の石庭

力を誇示する意味合いもあったのでしょう、お公家様は屈辱的なことだと嫌がっていたらしいです。

江戸時代のお公家さんというのは時々書を書いたりするくらいで収入源がなく、ほんとうに貧乏でしたので、道中、出入りの業者を連れていったといいます。そうしましたら、たとえばお公家様が使っている櫛《くし》などが、街道筋で飛ぶように売れる。ブランド物の走りといえるかもしれませんね。業者から少しずつマージンのようなものをもらって、お金のないお公家様もひとごこちついたということです。

受付で特別拝観を申し込まれると、長谷川等伯《はせがわとうはく》の「猿猴捉月図《えんこうそくげつず》」をごらんいただけます。猿が月をとりにいくというモチーフが描かれた名画。これは一見の価値があると思います。

山県有朋《やまがたありとも》「無鄰菴《むりんあん》」とエジソン

南禅寺の近くには、山県有朋《やまがたありとも》の別荘だった「無鄰菴《むりんあん》」があります。現在は京都市の所有で、邸内を散策していただくことができます。明治の名造園家、小川治兵衛《おがわじへえ》が作庭したお庭は東山を借景に、琵琶湖疎水の水が引き込まれた池泉回遊式庭園。広々とした敷地のそこここに小川が流れているのもたいへん心地よいです。母屋《おもや》でお茶をいただきながら、のんびり過ごしていただくのもよろしいでしょう。

少々話が脱線しますが、明治十三年（一八八〇）、東京の山県有朋をエジソン研究所の方が訪ねてきて「電球のフィラメントの素材を探しているが、なにかいいものはないか」と訊いたことがあったそうです。そこで山県は「京都の宮脇《みやわき》へ行け」と言ったとのこと。宮脇賣扇庵《ばいせんあん》のことですね。扇子を作っておられる老舗ですので竹があります。山県の言うとおり訪ねていって、京都の竹を見たエジソン研究所の方は、これは使える、と思った。その試みが成功したのを記念して、昭和九年に竹の産地である八幡《やわた》にエジソン記念館が設立されました。現在は記念館はありませんが、石清水八幡宮境内に「エジソン記念碑」が建っています。

智《ち》積《しゃく》院《いん》の長谷川等伯は必見

東山にございます智《ち》積《しゃく》院《いん》は、秀吉の嫡男《ちゃくなん》、鶴松《つるまつ》の菩提《ぼだい》寺として建立《こんりゅう》された祥雲《しょううん》禅寺を前身とするお寺さんです。こちらには中国の廬山を模した起伏に富んだ見事なお庭があります。廊下に沿うようにずっとせせらぎが流れていて、とても落ち着くお庭です。

お庭もたいへん結構ですが、こちらでぜひごらんいただきたいのが、国宝にも指定されている長谷川等伯の「楓図《かえでず》」などの障壁画。これは祥雲禅寺建立の際に秀吉が等伯に描かせたもので、現存する六点が宝物館に収蔵されています。

長谷川等伯は安土桃山、江戸時代にかけて活動していた方ですが、当時は狩野派が主流で、名前が世に出るまで大変時間がかかりました。私は等伯は天才ではないかと思いますが、主流派から離れた方というのは才能がなかなか日の目を見ないものなのですね。評価が高まってきたのは晩年に入ってからのことだそうです。

等伯は室町時代の末に石川県の七尾《ななお》で生まれて、京都に絵の勉強に来られましたが、その頃圧倒的に優勢だった狩野派の画風にどうも自分は合わんと思ってられたそうです。次のようなエピソードも残っています。

大徳寺の三玄院にまったく何も描いてない襖があったそうで、等伯が「ここに描かしてくれ、描かしてくれ」と住職に何度も何度もお願いするのですが、住職は頑として首を縦に振らない。しかし住職が二ヶ月ほど留守にしたときにしめしめと思って、一気に描き上げたそうです。まわりの人たちは皆止めたんですけど、そんなことお構いなしに水墨でダダーッと描いて、描き終わったらさっさと出てしまったそうなんですね。他の者たちが、どうしよう、住職が帰って来たら怒られると困っていたら、当の住職は帰って襖を見るなり、ひと言、「この絵は残せよ」と言ったそうです。その襖は「山水図襖」と言いますが、いまは同じ東山の圓徳院《えんとくいん》にございます。

ライトアップの先がけ・高台寺

智積院と同じく東山にあります高台寺《こうだいじ》は、ねねさん（北政所《きたのまんどころ》）が秀吉の菩提を弔うために建立したお寺さんで、秀吉と北政所の木像をおまつりする霊屋《おたまや》、伏見城から移築された千利休《せんのりきゅう》意匠のお茶室などがあり、いつもおおぜいのお客様でにぎわっています。

そのお向かいが北政所ゆかりの圓徳院です。秀吉が亡くなったあと、伏見城から化粧御殿と庭園を移し、七十七歳で亡くなるまで十九年間、ねねさんはこの場所に住んでいました。さきほども話に出ましたが、長谷川等伯が三玄院で描いた襖絵三十二点を所蔵しておられます。

高台寺と圓徳院は、年に数回、夜間特別拝観をしておられまして、その時期はライトアップもなさいますので、周辺はたいへんなにぎわいになります。

ライトアップでにぎわう高台寺

青蓮院——龍心池に面した部屋でお茶を楽しむことも

いまはたくさんのお寺さんがライトアップをされていますが、これはいわば高台寺が先がけのようなものでして、始められた当初は、枯山水のお庭に手をいれて電気をつけたりされるので、いろいろと批判もあったようです。が、京都に来られるお客様が年々増えていますのも、こういったお寺さんの工夫や努力が積み重なってのことと思いますので、高台寺さんの取り組みは立派なことと私は思います。

ただあのあたりには高級な料亭もいくつかありますので、そういったところでお食事を終えて出てこられたお客様が、外が騒々しいので興ざめしてしまう、せっかくの静かな雰囲気がすっかり変わってしまった、という苦情もあったと伺いました。そんなこともあってお寺さんもいろいろと気をつかっておられるのでしょうか、ライトアップの期間が終わると、新聞に大きく「混雑を招いてご迷惑をおかけいたしました」というお詫びの広告が出ます。

夜間特別拝観だけでなく、高台寺では季節ごとに趣向をかえてお茶会も催しておられます。

七月は「夕涼みの茶会」、八月は「浴衣の茶会」、九月は「観月の茶会」と、お道具のしつらえなども季節ごとに工夫なさって、もてなしてくださいます。

私も「冬の夜咄《よばなし》」に行かせていただいたことがありますが、お寺のなかを見学させていただいて、それからお茶席、点心のお食事といった内容でした。そのときに、圓徳院のご住職で高台寺の執事も兼任しておられる後藤典生さんのお話を伺いましたが、菅原文太似のなかなか男前の笑顔が素敵なお方で、たいへんおもしろいお話をしてくださいました。残念ながら、今は後藤住職がお話をなさることは、ほとんどないそうですが……。

青蓮院の魅力

雨の日といえば、青蓮院さんもきれいですね。門前には応仁の乱の戦火も逃れた、親鸞《しんらん》聖人のお手植えと伝えられる見事な楠《くす》の大木が何本もありますが、雨に濡れると緑がいっそう鮮やかになって、たいへん美しい。宸殿《しんでん》からお庭を拝見しますと、苔が青く青くなって、目がさめるようです。

青蓮院には由緒深いお庭がいくつもありまして、今申し上げた宸殿前の苔の庭、室町時代の相阿弥《そうあみ》作といわれる優雅な池泉庭園、春はつつじが美しい小堀遠州作の霧島の庭が、龍心池を中心に自然なかたちで配置されていまして、それぞれが季節によってさまざまな表情をみせてくれます。

龍心池に面したお部屋でお茶がいただけますので、雨の日でも座ってゆっくりと緑豊かなお庭の景色を楽しんでいただくことができます。回遊式のお庭ですので、お天気がよければぜひ歩いてごらんいただけたらと思います。

青蓮院は皇室とのゆかりが深いお寺さんでもあります。京都にある天台宗の五門跡《もんせき》のひとつというたいへん格式の高いお寺で、御所が火事で焼けた際には仮御所として使われたこともあったそうです。そのためでしょうか、宸殿の前には御所と同じように右近の橘、左近の桜が植えてあります。

余談になりますが、京の都千年以上の間に御所では五十回ボヤがあって、そのうちの二十回は全焼だったそうで、何度も建て替えられているわけです。その間は、「臨時にちょっと貸してくれ」ということで、お寺さんに頼んだり、あるいはお公家さんのお屋敷を借りたりなさっていたとのこと。現在の京都御所は十四世紀に土御門邸《つちみかどてい》というお公家さんのお屋敷を一時借りておられたのをそのまま御所にされたもので、それが現在に至っているそうです。

光明院で重森三玲の庭を味わう

お庭といえば、最近シャープさんのコマーシャルなどでも使われた昭和を代表する作庭家、重森三玲《しげもりみれい》さんのお庭もすばらしいですね。シャープさんのコマーシャルに出てきたお庭は、私おぼえがありませんでしたので、どこかなあとずっと考えておりましたが、あとで伺いましたらご自宅のお庭だったとのことです。重森さん作庭のお庭は、時代は新しいものですが、眺めていますと不思議と心が落ち着きます。

いくつかご紹介しますと、東福寺《とうふくじ》の塔頭である光明院《こうみょういん》、霊雲院《れいうんいん》のお庭などでしょうか。

光明院のお庭はほんとうに素敵です。「波心庭《はしんてい》」といいますが、白砂と苔に、重森さん独特の石の使い方をしておられます。

光明院には受付がなくて、おもしろいことに入り口に竹の筒が置いてあるんです。拝観料は自分たちの気持ちを入れる。でもなかには五円玉を入れたりする方もいらっしゃいますから、最近では「常識程度に」と書いてありますね。四、五百円ぐらいでよろしいかと思いますが。そんなふうなことですので、受付もなく、自分で戸をあけてあがらせていただいて、といった格好です。お寺の方はきっと見ておられるんでしょうけど、まあそんなに悪い人もいないでしょう、ということなんでしょう。ずっとほったらかしにしておいてくださいます。静かなお寺さんですので、ゆっくりと重森さんのお庭を味わっていただけるのではと思います。

霊雲院のお庭は、「九山八海の庭」というお庭。これは江戸中期から名庭と評判だった庭が荒廃していたのを重森さんが修復されたものだそうで、白砂で海

東福寺の「北斗七星の庭」

スピルバーグ監督が感激した高桐院

を、苔で山々を表現しているとのことです。

東福寺の方丈のお庭は、重森さんの作品のなかでも代表的なもので、方丈を取り囲むようにお釈迦様の生涯を表す八つの庭が配置された、「八相の庭」と呼ばれるものです。なかでも東庭の「北斗七星の庭」は、宇宙を表現する白砂に北斗七星の七つの星が高さの異なる石柱で表現されていて、とても印象的です。西庭「井田市松《せいでんいちまつ》」は砂地とサツキの刈り込みで、北庭は苔と石で、それぞれ市松模様を描きだしたモダンなお庭です。

昭和の小堀遠州・中根金作

重森さんも人気がありますが、もうおひとり、「昭和の小堀遠州《こぼりえんしゅう》」と呼ばれる方がいらっしゃいます。中根金作《なかねきんさく》という方です。アメリカ人に人気の日本庭園というアンケートで一位になった島根の足立美術館の庭園なども手がけておられますが、京都では妙心寺《みょうしんじ》の塔頭である退蔵院《たいぞういん》のお庭を作られています。「余香苑」

という庭園で、昭和の名庭のひとつと言われています。

お茶室から眺めますと、お庭が一望のもとに見渡せますが、滝から落ちる水がゆったりとした流れをつくり、豊かな緑に映えて、なんとも心地よい気持ちになります。春は桜、鉄線、つつじ、夏は紫陽花、花菖蒲、睡蓮、桔梗、秋は金木犀、萩、貴船菊、冬には山茶花《さざんか》や満作、梅など、数えきれないほどたくさんの草花を折々に楽しんでいただけます。そこここに作庭家の心づかいが感じられるお庭ですね。

退蔵院では国宝の「瓢鮎図《ひょうねんず》」を所蔵されています。「瓢簞《ひょうたん》でなまずをつかまえる」という禅問答を描いた禅画で、室町時代の禅僧で、雪舟《せっしゅう》も師と慕うほどの画家でもあった如拙《じょせつ》が、足利義持の命を受けて描いたものといわれています。

余香苑のお茶室では、この「瓢鮎図」をモチーフにしたお寺オリジナルの和菓子でお茶をいただくことができます。ちなみにお庭の池には、実際になまずが棲《す》んでいるということです。

スピルバーグも感激した高桐院

大徳寺では常時公開しておられる塔頭が四箇寺ありますが、そのうちのひとつ、高桐院《こうとういん》にスピルバーグ監督をご案内したとき、門を入った瞬間に、うっと、息を呑むようにされたのがわかりました。

門をくぐって拝観入口へ行くまで細い細いアプローチになっているのですが、スピルバーグさんはとりわけそこで感激されていたようでした。ＪＲ東海の「そうだ　京都、行こう」のＣＭでも以前使われていましたが、ほんとうに素敵なアプローチなんです。

方丈のお庭は、客殿の正面から見ますと、いちめん苔のお庭で、ほかには何もないように見えるんです。それが、ふっと上を見上げたら、背の高い高い楓の木がある。新緑の頃、梅雨の雨に濡れたときなど、苔の緑と楓の緑が目に鮮やかに映えて、最高の眺めです。もちろん紅葉の時期もすばらしくて、楓が紅葉してははらはらと落ちる風情もたいへん美しいものがあります。その頃は、苔が紅葉の赤におおわれて、また違った景色を味わっていただけるかと思います。

高桐院は千利休の高弟であった細川忠興《ほそかわただおき》が建立したお寺さんですので、お茶室や利休の邸宅をそのまま移した書院など、利休ゆかりのものがいくつもありますが、そのひとつに利休愛蔵の灯籠《とうろう》があります。この灯籠を秀吉が所望したとき、「秀吉にはやりたくない」と思われたということですが、わざと割ったんですね。そうしておいて、「殿にこのような失礼な物は差し上げられません」と自分の手元に残した。のちに、愛弟子の忠興に与えましたが、それが忠興とガラシャ夫人の墓石となって現在も高桐院境内にあります。楓の庭の真ん中にはその灯籠の写しがございます。

ドライバーのひとり言 その3
ある女将さんの教え

この仕事を始めて間もない頃、ある老舗旅館のご用命で、(ふだんそちらの担当をしていました先輩が、たまたま行けなかったので、かわりに)私がお泊りのお客様をお迎えに伺ったときのこと。その旅館の女将さんから、「有名な人やけど、サインをねだってはいかんよ」と釘《くぎ》をさされたんです。それから私、いまだにその教えを守っております。

街角でたまたま見かけて「サインください」っていうのはいいんでしょうけれども、仕事でお目にかかった方にサインをお願いするのは、その立場を利用していることになりますので、一番具合の悪いことだと思うんです。お客様とたいへん間近に長時間接する仕事だけに、このことは肝に銘じております。

リチャード・ギアさんをご案内させていただいたとき、私は京都観光のあと大阪空港までお送りさせていただきました。そこまでは何事もなかったんですが、空港で航空会社のアルバイトの女性がサインをねだったそうで、ギアさんが激高なさったそうです。このことは新聞沙汰《ざた》にもなりました。

もちろんたまたま通りかかった一般の方だったらギアさんも何もおっしゃらなかったと思いますけれど、業務上知りえた、いわばインサイダー情報を利用したことになりますので、絶対にしてはいけないことだったと思います。

難しいことですけれども、どんな方がおいでになっても、仕事だったら顔色ひとつ変えてはいけないのだろうと思います。

＊この章で紹介したスポット＊

【名前】	【住所】	【最寄り駅または電話番号】	【地図】
蓮華寺	左京区上高野八幡町1	京都バス「上橋」	地図⑮参照
廬山寺	上京区寺町通広小路上ル	市バス「府立医大病院前」	地図⑥参照
南禅寺	左京区南禅寺福地町86	地下鉄東西線「蹴上」駅	地図③参照
金地院	左京区南禅寺福地町86・12	地下鉄東西線「蹴上」駅	地図③参照
無鄰菴	左京区南禅寺草川町31	地下鉄東西線「蹴上」駅	地図③参照
石清水八幡宮	八幡市八幡高坊30	京阪「八幡市」駅から男山ケーブル「男山山上」	
智積院	東山区東大路七条下ル東瓦町964	市バス「東山七条」	地図④参照
高台寺	東山区高台寺下河原町526	市バス「東山安井」	地図④参照
圓徳院	東山区高台寺下河原町530	市バス「東山安井」	地図④参照
青蓮院	東山区粟田口三条坊町69・1	地下鉄東西線「東山」駅	地図④参照
光明院	東山区本町15・809	京阪「鳥羽街道」駅	地図⑪参照
霊雲院	東山区本町15・891	京阪「東福寺」駅	地図⑪参照
東福寺	東山区本町15・778	京阪「東福寺」駅	地図⑪参照
退蔵院	右京区花園妙心寺町35	市バス「妙心寺前」	地図②参照
大徳寺	北区紫野大徳寺町53	市バス「大徳寺前」	地図⑭参照
高桐院	北区紫野大徳寺町73・1	市バス「大徳寺前」	地図⑭参照

4

夏のお客様向けのコース

夏といえば祇園祭

夏の京都はご存じのとおりたいへん暑いのですが、それでも大勢のお客様にお越しいただいています。夏にもいろいろな行事がありますので、もしそれがなかったらどなたも来られないかもしれません。

夏の行事といえば、祇園祭《ぎおん》。大阪の天神祭、江戸の天下祭（神田祭、山王祭）と並んで日本三大祭のひとつで、約千年の歴史があります。八坂《やさか》神社の御祭礼で、七月一日から三十一日まで、まるひと月間のお祭りです。いまから一一〇〇年ほど前に京都に疫病《えきびょう》が流行した際、病魔退散の意味をこめて始められたものだそうで、京都の町衆がたいへんな熱意で長きにわたって執《と》り行ってきたお祭りです。

祇園祭の最中は、山鉾《やまぼこ》を持つ「鉾町《ほこちょう》」と呼ばれる町がある四条のあたりはお祭り一色になります。それぞれの鉾町が、歴史的な意味合いのある意匠をこらした山鉾を持っておられて、一切釘《くぎ》を使わない独特の手法で組み立てていかれま

祇園祭は宵山もにぎわう

四条河原町の交差点で祇園祭を楽しむ

す。

山鉾は全部で三十二基。そのうち最も大きな鉾は十二トン、高さ十二メートルとのこと。さまざまな飾り細工や西陣織やペルシャ絹緞通《だんつう》など、山鉾を飾る装飾品はじつに絢爛《けんらん》で、この祭にかける町衆の心意気を感じます。たとえば「月鉾」の屋根の破風《はふ》は左甚五郎《ひだりじんごろう》の彫刻、屋根裏は円山応挙《まるやまおうきょ》筆の「金地彩色草花絵図」という豪華さ。重要文化財に指定されている装飾品も多数あるそうで、「動く美術館」といわれるほどです。

山鉾巡行だけじゃない、祭の魅力

お祭りのひと月間のなかでも、お客様が集中していらっしゃるのは、やはり山鉾巡行の七月十七日、あるいはその前の宵山（十六日）、宵宵山（十五日）でしょうか。この頃では観光として定着したからでしょうか、宵宵宵山（十四日）というのもございます。

宵山の魅力はやはり暗くなってからですので、お客様をご案内するのも夜になります。宵山の間（十四日〜十六日）は、各鉾町に提灯《ちょうちん》が灯り、祇園囃子《ぎおんばやし》のコンチキチンが奏でられ、縁起物のちまきを売る声がそこここに響き、屋台も出てたいへんなにぎわいです。

宵山の期間は一般のお客様も鉾に上って、豪華な装飾を間近にごらんいただくことができます。また各山鉾ではそれぞれの由緒にちなんだお守りなどの授与品を販売しておられます。聖徳太子《しょうとくたいし》をまつる「太子山」では知恵守、牛若丸《うしわかまる》を御神体とする「橋弁慶山」では心身の剛健を願う弁慶の力縄など。そのほか現代風のオリジナルグッズを作っておられる鉾もありますので、そういったお品をごらんいただく楽しみもあるかもわかりません。

この鉾町といわれる近辺にはいろいろな商家がありますが、お店は休みでも祇園祭の期間中は、ここぞとばかりに「屛風祭」というのをなさいます。

京都の町家は格子戸を外しますと、大きな広いショーウィンドウになるんですね。そこに自分たちが持っておられる屛風などを飾られるんです。おそらく所蔵品の虫干し――湿気の多いときに虫干しでもないんでしょうけども――も兼ねて。自分とこはこういう物を所蔵しているということ、そのお店がそれだけちゃんと維持してるということの証明なのかもわかりません。お店が傾いてきたら、そんなもの飾るどころじゃなくて、たぶん売ってしまわれるでしょうし。

近所のおばあちゃんに一度聞いたことがあるんですが、もうずいぶん昔、まだそんなに見物の方が多くない頃、そのお店に娘さんがおられたら、着物を着て、正座しておられたことがあったそうです。そうすると、「こんないい娘さんがいらっしゃって……」と、縁談が舞い込んだりすることがあるということで。いまは時代も変わりましたし、あまりにも人が多いですのでそういった風習はなくなりましたが、かつてはそんなのどかな風景であったと聞いております。

七月十七日の山鉾巡行。スタート地点は四条烏丸《しじょうからすま》で朝の九時です。お稚児《ちご》さんが乗った長刀鉾《なぎなた》を先頭に、三十二基の山鉾が順々に出発します。それから十分後くらい、麩屋町《ふやちょう》通にさしかかると注連縄《しめなわ》が張られています。それを長刀鉾のお稚児さんが切って、正式に巡行が始まるというしきたりです。そこから河原町《かわらまち》御池《おいけ》、新町《しんまち》御池《おいけ》と進んで、正午ぐらいに終了します。

いまのこの形になったのは三、四十年前だそうで、それまでは町中を練り歩いていたそうです。写真で見たことがありますが、「へえ、こんなところを通るの」というような狭い商店街のなかを通ったりもしていたようです。

祇園祭はここで見よう！

御池通には毎年、有料観覧席が設けられますが、観覧席以外でもいいスポットはいろいろありますので、早めに行かれて場所取りをされてもいいかもしれません。

たとえば四条河原町の交差点などですね。ここでは鉾が角《かど》を曲がる「辻廻し」をごらんいただけます。どういうものかと言いますと、鉾にはハンドルがありませんので、底に竹を敷いて水を打って車輪を滑らせて、少しずつ方向を変えていく。鉾は背が高いので、バランスを崩したらたいへんです。実に見ごたえのある場面だと思います。

最近では皆さん、ビルの高いところにあがって、上のほうから見ておられることもありますね。本来ならば、祭りを上から見下ろすというのはとんでもないことなんでしょうが、京都の方でも祇園祭見物のために、巡行のある通りにオフィスを借りた、という方もいらっしゃるほどです。

「鶏鉾《にわとりほこ》」の鉾頭には鶏、「月鉾」の鉾頭には三日月がついていたり、「船鉾」は鉾全体が船のかたちをしていたりなど、それぞれの鉾に特徴があります。先頭を行く長刀鉾の場合は、鉾頭に長刀が載せられていますが、これは可動式になっていて、刃先が絶対に八坂神社と御所の方向に向かないように途中途中で向きを変えておられるそうです。天皇陛下に刃を向けたらえらいことですので。

ただでさえ暑い京都ですが、巡行の日がカンカン照りになったらもうたいへんです。警備をされている警察官が倒れたりするんじゃないかと心配になりますが、ある警備の方にお聞きしたところ、「不謹慎かもしれないけれど、ちょっとくらい雨が降ったほうがうれしい」と言われていました。ともかく日が照っても人が大勢いらして、日傘をさすこともできませんから、帽子は必ずお持ちになったほうがよいかと思います。飲み物の準備もあったほうがいいですね。熱中症にもなりかねませんので、暑さ対策は十分留意されたほうがよろしいでしょう。

「ご祭神はおりません」

十七日の山鉾巡行にどうしても注目が集まってしまいますが、巡行当日の十七日夕方、八坂神社から、四角形、六角形、八角形の三基の御神輿《おみこし》さんが、四条寺町の付近にあります四条御旅所《おたびしょ》に向かわれる「神幸祭《しんこうさい》」と、御神輿さんが八坂神社に戻られる二十四日の「還幸祭《かんこうさい》」が本来のお祭りで、山鉾の巡行は、もともとはそれに付随した行事だったということです。

御神輿が御旅所におられる七月十七日から二十四日に八坂神社に行きますと、「いまご祭神はおりません」と言われます。御旅所へ避暑に――あんな暑いところへ避暑ということもないでしょうが――行っておられる、と。ちなみに三基の御神輿さんは、六角形がご祭神のスサノヲノミコト、四角形が奥さん、八角形がお子さん、とのことです。

この祇園祭は山鉾の維持管理もふくめ、おおごとと思いますが、各鉾の保存会の方々、この時期はもうお商売そっちのけでやってらっしゃいます。たいへんな費用がかかりますので、バブルがはじけた頃はスポンサーを失ってしまって、たいへん困られた保存会もあったようです。おもしろい話では「鶏鉾」には、ケンタッキーフライドチキンさんからもご寄付があるということです。

ところで祇園祭は、別名「鱧《はも》祭」とも言われます。ちょうど鱧に脂がのって一番美味しい頃ですので、京都ではこの時期よく鱧をいただきます。

祇園祭・お稚児《ちご》さんの秘密

以前はすべての鉾にお稚児さんが乗られていたということですが、現在では長刀鉾だけになっています。十、十一歳くらいの男の子で、ここ十年ほどはノートルダム小学校に通われているお坊ちゃま方が選ばれているようです。

お稚児さんはいわば祇園祭の生神様で、選ばれるのはとても名誉なことでしょうが、祭の一ヵ月間はいろいろと制約がありますので、お子さんにとっては退屈なことかもしれません。祭りの期間は学校も「公務」ということでお休みになりますし、土のうえを歩いてはいけないという決まりごとがあるので、大人の方におぶわれたり、舞妓さんがはかれているようなおこぼをはいて移動されるそうです。母親が作ったものは食べることができないという決まりもあります。これは女性の手に触れたものを避ける、ということのようです。別火といいますが、お稚児さんが食べるものは、他の人のものとは別に料理しなければなりません。

お稚児さんの役割は重大です。鉾巡行の際もお稚児さんが注連縄《しめなわ》を切って初めて巡行開始となるわけですが、あるとき、その注連縄がなかなか切れなかったことがあったそうです。それからは切りやすく工夫しておられるという話ですが、お子さんとはいえ責任のあることで、たいへんなお役目と思います。

祇園祭ではお稚児さんでなくても、いくつかの忌《い》み事があります。そのひとつですが、胡瓜《きゅうり》を食べてはいけないことになっています。これは八坂神社のご紋と胡瓜の切り口が似ていることに由来しているそうです。

また長刀鉾には女性は上がることができません。ほかの鉾は女性も上がることができるのですが、長刀鉾だけは駄目です。夫婦箸の長さも一部では同じになっているような、この男女同権の時代に封建的なようですけれど、一度女性が上がったときに何かあったということで、それ以来、やはりやめておこう、ということになったのだそうです。

この長刀鉾のことでアメリカのお客様から「なぜ女性はだめなんだ」と詰め寄られたことがあります。欧米の方は、やはりそのへんのことに厳しくていらっしゃいますね。

夏の風物詩・鴨川の床

鴨《かも》川沿いでは、四月の終わり頃から「床《ゆか》」を造る音が響きだします。その音を聞くと「ああ、もうすぐ夏が来るなあ」と思います。あのカンカンという音、床を造っていく様子を見ておりますと、なんとはなしに情緒を感じます。この頃ではゴールデンウィークが終わったあたりから、もう床を使いはじめておられるようですが、その時期はまだ寒いですので、行かれるとしたらもうすこし後のほうがよろしいかもわかりません。

床を出されるお店もさまざまでして、日本料理はもちろん、豆腐料理、中華料理、鰻《うなぎ》屋さん、なかにはフランス料理のお店など、いろいろありますので、お好みやご予算によってお好きなお店を選んでいただくことができます。最近では三条大橋のスターバックスさんも床を出しておられますね。これはちょっと床本来の雰囲気とは違うかもしれませんが、気軽に床を楽しんでいただくにはよろしいかと思います。

床には舞妓さん、芸妓さんもよく呼ばれて行ってらっしゃいますが、風のない熱帯夜はたいへんだと思います。クーラーがありませんし、ましてやこの頃の都会というのはビルから出る熱気で暑いですから、お客様でもせっかく床に出られているのに、暑い暑いとおっしゃって、なかに入ってこられる方もおられると聞きました。

私らの素人考えですと、お店は床が増えた分、お客様のキャパシティが増えていいんじゃないかなと思うんですが、実際はそうではないんですね。床には屋根がありませんから、雨が降ったときのためにお部屋は別にちゃんと用意しておられる。お店にとっては、床はお客様が増えるんじゃなくて、それは余分というわけです。

床は決まった期間に限って出すことが許可されているもので、季節が終わったら解体しなくてはいけない決まりになっています。毎年毎年、床を造るのはたいへんということで、この頃は電動式の床というのも開発されたそうです。操作ひとつで、床がぐうっと出たり入ったりする。この装置が約一千万円。床を一回ごとに造ると百万円だそうで、十年使えば元がとれるからと、問い合わせがメーカーに殺到していると聞きました。でも床が自動的にせり出してくるというのは……なにか風情がないようにも思います。

鴨川沿いの「床」

「鳴神」由来の地・志明院

賀茂川の上流、雲ケ畑《くもがはた》に、洛雲荘《らくうんそう》というお料理屋さんがありまして、川床《かわどこ》をしておられます。同じ川床といっても、貴船《きぶね》ほど人はたくさん行くところではありませんし、お料理屋さんはその一軒しかありませんので、案外ひっそりしてよろしいかもわかりません。

その奥に岩屋山志明院《しみょういん》というお寺がありまして、この境内には鴨川の源泉がわきでていて、境内にはきれいな小川が流れています。ここのお水がたいそう美味しいのです。ゴールデンウィークの頃は石楠花がきれいで、その時期に山の上に上がっていきますと、見事な石楠花が咲いています。洛雲荘さんでお食事をされて、車ではなく徒歩で志明院に向かわれる方もおられますが、二キロほどの山道ですのでちょっとたいへんかもしれません。

志明院は、歌舞伎の『鳴神《なるかみ》』の舞台になったところでもあります。時の天皇に約束を反故にされた鳴神上人が、三千世界の龍神を洞窟に閉じ込めて都を旱魃《かんばつ》に追い込んでしまいましたが、岩屋山にこもった鳴神上人に天皇が「雲《くも》の絶間《たえま》姫」という美女を送りこみ、色仕掛けで龍神を解き放ち、雨を降らせた、という物語。そんな言い伝えも残されている場所です。

付近には小さな洞窟もありまして、夏でもひんやりしていますね。石楠花が咲いている山道もひとつ間違えると谷底、ほんとうになにもない山の中です。おおよそ一時間くらいあれば近くを散策していただけるでしょう。

お寺で夏の花をめでる――勧修寺・龍安寺・法金剛院

夏のお花といいますと、睡蓮と蓮《はす》でしょうか。

睡蓮ですと、まずは勧修寺《かじゅうじ》。睡蓮というのは時期が長くて、十月初旬くらいまで咲いております。ただ夏場は午後に行きましても、花が閉じてしまっていまして見ることができません。曇りの日ですと、午後なすこし過ぎても開いているときもありますが。これは私の解釈ですけれど、睡蓮の「睡」は、「睡眠」の

「睡」ですね。お昼を過ぎると眠くなるから「睡蓮」と名づけられたのかな、と思ったりします。

龍安寺はどの季節に行っても素敵ですが、夏ですと睡蓮や蓮を楽しんでいただけます。

蓮は限られた数しかないですけれど、蓮の大きな葉っぱが、風でそよそよ動いていますと、まるで踊っているようで……。非常にいいですね。

蓮というと、法金剛院《ほうこんごういん》にもございます。こちらのお寺では、池にもありますけれど、おもに鉢植えにしておられます。花が開くときにポンと音がするとかしないとか、そういうお話がありまして、私もいちど聞きにいってみたんですが、音をとらえることはできませんでした。おそらく音声の装置をつけたら、音を拾えるのかもわかりませんね。聞こえたとしても、ああ、音がしたかなあ、というようなかすかな音なのだそうです。

法金剛院さんの説明によると、蓮の花はいったん咲いて、しぼんで、そして次の日に散ってしまうらしいですね。とても短くて、儚《はかな》い。お釈迦様はお生まれ

夏の花、睡蓮を勧修寺で堪能する

になってすぐに立ち上がって、お歩きになったそうですが、そのとき蓮の花がポンポン、と咲いてお釈迦様のあとをついていったという伝説があります。ですからお釈迦様は蓮のうえに乗っていらっしゃる、といわれています。

法金剛院は蓮の時期は早朝七時から開門されていますので、朝早くにおでかけになるのもよいかもしれません。

京都十三仏まいり

お盆の頃になりますと、「十三仏まいり」をなさる方もいらっしゃいます。これは仏様のなかでも私たちに馴染みの深い十三尊の仏様をおまいりするというもので、第一番から第十三番まで霊場が定められています。お正月の「都七福神」ほどポピュラーなものではありませんが、車ですと八時間ほどで十三箇寺をめぐることも可能です。

一番札所は智積院の不動明王。

法金剛院の蓮。朝早くから見ることができる

私たちが亡くなって一週間目、初七日には不動明王が出てこられるそうです。不動明王というのは、ものすごく厳しいお顔をされていますね。あれは私たちの、亡くなったばかりの一週間目の魂を叱《しか》り飛ばすため。一週間目の魂というのはまだ赤ちゃんだそうで、「帰りたい」って泣くんだそうです。帰りたいと言っても帰る体はないわけですから、前に進むしかないわけですけれども、それでも帰りたい、帰りたいと言って泣く。それをビシッと叱り飛ばすのが不動明王なんだそうです。

不動明王のお顔は、お母さんが子供を叱っている顔と同じともいいます。「叱る」というのは愛情のある厳しさですから、「怒る」とは違います。もしかしたら厳しい、叱ってる顔というのが、ほんとうの優しい顔なのかもわかりませんね。ニコニコしているだけが優しいわけではない。十三仏まいりをしていますと、いろいろなお話に出会えます。

二番札所は清涼寺《せいりようじ》の釈迦如来、三番は霊雲院の文殊菩薩、四番は大光明寺《だいこうみようじ》の普賢菩薩、五番が大善寺《だいぜんじ》の地蔵菩薩、六番が泉涌寺の弥勒如来、七番が平等寺《びようどうじ》の薬師如来、八番が大報恩寺《だいほうおんじ》の観音菩薩、九番が仁和寺の勢至《せいし》菩薩、十番が法金剛院の阿弥陀如来、十一番が法観寺《ほうかんじ》の阿閦《あしゅく》如来、十二番が東寺《とうじ》の大日如来、十三番が法輪寺《ほうりんじ》の虚空蔵《こくうぞう》菩薩、となっています。

十三仏まいりの御利益ですが、もちろん仏様をおまいりされることそのものに意味がありますけれど、それと同時にあちこちのお寺さんを回るというのはそれだけ知恵を働かせることになるわけですね。昔でしたら歩いておまいりをしたわけですから、その歩くという行為そのものにまず意味があった、ということではないでしょうか。

五山の送り火で無病息災を願う

八月十六日は五山の送り火の日。お盆のあいだお家に帰っておられたご先祖様をお送りする儀式です。如意ケ嶽に灯される「大文字」、松ケ崎西山、東山の「妙法」、西賀茂船山の「船形」、大文字山の「左大文字」、上嵯峨仙翁寺山の「鳥居形」の五つの文字が、当日午後八時頃から順次点灯されます。

それぞれ保存会の方がおられるのですが、お寺さんで護摩木《ごまき》をご準備されて、ご希望の方は護摩木を奉納することができます。その護摩木がお山に運ばれて、送り火のときに一緒に燃やされるわけです。燃やし方もお山によっていろいろと違いがありまして、おもに薪《たきぎ》を使われるんですが、大文字だけは薪のほかにも藁《わら》や松の葉も入れておられるようです。

いまはこの五山だけになりましたが、昔は「長刀」があったり、他にもいくつかあったそうですが、だんだん減って現在の数に落ち着いたそうです。

鴨川の床で、お酒の盃に「大」の字を映したのを飲むと無病息災で過ごせるという言い伝えもあります。この頃ではスターバックスさんの床もありますので、そちらの飲み物に映して飲んでみる、というのも現代的でいいお考えかもしれませんね。

送り火をごらんになりたい場合は、床ももちろん結構ですが、河原や橋など見とおしのよいところ、あるいはホテルやビルの高いところからごらんになるのがよろしいかもわかりません。昔は私も家の屋根に上がって見ていたのですが、この頃は背の高いマンションが多くなりましたので、それは難しくなってしまいました。

京都人の暑さの凌《しの》ぎ方

京都の夏は、ほんとうに暑いです。京都人も必死に耐えております、というのが本音でしょうか。

ただクーラーのなかった時代の知恵は残っていまして、たとえば京都の町家の間口の狭いお宅は空洞のようになっていまして、風がなくてもすっと風が起こるような気がします。外は暑くても、中はひんやりしておりますね。

夏になると障子を葭《よし》に替える。そうしますと風が自然とお部屋に入ってくるようになって、涼しいのです。その中で熱いお茶をいただいたりしますと、余計に涼しく感じます。

私は着たことがないですけれど、絽《ろ》の着物を着てぐっと帯を締めたら、涼しいそうですね。たしかに暑い日にきちんとお着物を着こなしておられると、目にもたいへん涼やかにうつります。

どこに行っても暑い京都ですが、比較的涼しいのは、やはり緑があるところでしょうか。木がたくさんあるところは、風も街中とは全然違います。たとえば鞍《くら》馬《ま》山、比叡《ひえい》山など。夏場にそちらの方面に行かれる方は多いですね。

そのほかに涼しさを感じていただけるのは、丹波《たんば》・亀岡《かめおか》から嵐山《あらしやま》へ向かう、保《ほ》津《づ》川下りなどでしょうか。とはいっても最初のほうは流れがゆっくり進みますので、暑いことは暑いのですが、水の飛沫《しぶき》をうけて涼を味わっていただけるのではないでしょうか。

所要時間は水量によって変わってきますが、一時間から二時間ほど。その間はお手洗いに行けませんので、水分をとるのも考えてしまいますが、うまくしたもので嵐山に到着するすこし前になると、別の船がすっと近づいてきて、ビールなどを売りにきます。時間が長いですので、夏は日焼けにご注意ください。

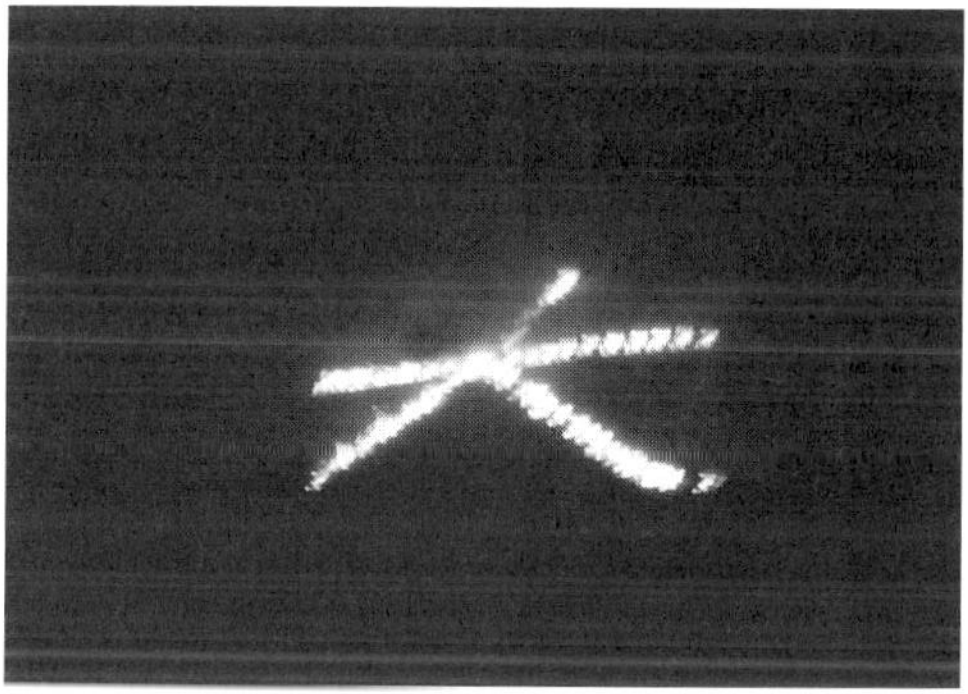

如意ヶ嶽に灯される大文字

保津川下りで涼しさを感じる

極上のかき氷・中村軒

そんな暑い暑い夏の盛りにかき氷をいただくと、嘘のように汗がすーっと引いていきます。京都には、かき氷が美味しいお店がたくさんありますが、なかでも絶品は麦代餅《むぎてもち》で知られる老舗、中村軒さんのかき氷。桂離宮《かつらりきゅう》の近くにあります。京都の女性で知らない人はいないという、かき氷の名店です。

こちらは氷そのものも美味しいのでしょうが、なんといっても「具」に特徴があります。季節ごとに旬のフルーツを使ったかき氷があるんです。春は苺《いちご》で、本物の苺をつぶして白蜜を混ぜたものをかける。着色料などはまったく使っていなくて、なまの苺だけです。夏はマンゴー氷で、これも同じようにマンゴーの果肉をつぶして白蜜と混ぜたものを氷にかける。白蜜もあまり甘くなくて、すごく美味しい。マンゴーが終わったら次はすだちです。普通の宇治氷や黒蜜もあるのですが、やはりフルーツ物をおすすめします。機会があったらぜひ行かれてください。きっと感激されることと思います。冬はにゅうめんなども出しておられます。かやくごはんなどもありますので、こちらで軽くお食事をされてもよろしいかもしれません。

かき氷のほかに夏に涼しいお菓子といいますと、有名なのが祇園の鍵善《かぎぜん》さんのくずきり。そのお向かいの都路里《つじり》さんの抹茶を使った冷菓など。この二軒はずっと変わらない人気で、いつもお人が並んでおられますね。最近ですと巽橋《たつみばし》のたもとにある小森さん。お茶屋さんを改造された甘味処です。あちらのかき氷も美味しいですが、私のおすすめはミックスジュース。とってもまろやかな口あたりです。

四条《しじょう》烏丸《からすま》の近く、綾小路新町を西に入ったところには、三丘園《さんきゅうえん》さんという町家を使った甘味処があります。一見ごく普通の町家なんですが、入っていくとステンドグラスなどがあしらわれていて素敵な雰囲気です。もともと宇治の御茶屋さんのご自宅だったのを改造なさったのだそうです。メニューには抹茶を使ったお菓子が並んでいまして、たとえば抹茶のチーズケーキですとか、抹茶のパウンドケーキ、クッキーなど。坪庭を眺めながら、のんびり過ごしていただけるかと思います。こちらも女性に人気のお店ですね。

非常食は京銘菓？

その日の状況によって、昼食を食べる時間がないこともあります。行程そのものが時間いっぱいでお昼の時間がなかったり、お客様がお昼をとっておられる間に、次に行く場所の情報など確認しなくてはならないこともいろいろとありま す。「今日はたぶん食事がとれないな」というときは、朝ごはんをしっかり食べるようにしております。

ふだんお昼の時間があるときも、たいていコンビニでさっと済ませて、お帰りのときにお客様にさしあげる絵葉書を書いたり、午後からの準備をしたりなどしております。お客様から「一緒にどうですか」とお誘いいただくこともありますが、そんなことですので、それとなくご遠慮させていただくことがほとんどです。

それでも、お昼抜きでどうしてもおなかがぐーっと鳴ってしまいそうなときは、清水寺《きよみずでら》の駐車場にある「阿闍梨餅《あじゃりもち》」の売店へ「ちょっと駐車場へ行ってまいります」と走っていきまして、四個入りのパックを急いで買ってきます。そして合間をみて、虫養《やしな》いに二つだけ食べて、「ああ、よかった……」と。「阿闍梨餅」は美味しいですし、腹もちがいいですので、そんなふうに時々非常食がわりに使わせていただいています。

運転中におなかが鳴ったりしたらお客様に気を遣わせてしまうことになりますので、時々はそんな芸当もしております。

ドライバーのひとり言 その4

ドライバー、鉄の掟《おきて》

昔は煙草《たばこ》を吸っていましたが、この仕事を始めてからは一切吸っておりません。ドライバーに決して許されないもの、それは「匂い」です。特に車は狭い空間で、匂いがこもってしまいますので、お客様に不快な思いをさせないよう、重々気をつけています。

煙草はもちろんですが、食べ物にも気をつけます。焼肉は絶対にダメ。にんにくは一切食べません。当然のことながら、餃子も御法度《ごはっと》。スパゲティ・ペペロンチーノも食べません。香水も一切つけません。自分にとっていい匂いでも、お客様にとってはどうかわかりませんので……。

こんなふうに匂いに関しては、ものすごく神経質です。私もだんだん年齢を重ねてきまして、加齢臭といいますか、「年齢の匂い」のようなものも出てきますが、そういうものは絶対に遮断しなくてはいけません。最近では汗の匂いを、スプレーのような一過性のものではなくて、元から断ってくれる製品も出てきていますので、そういったものを活用するようにしています。

ドライバーは常に、「無臭」でなくてはならないのです。

＊この章で紹介したスポット＊

【名前】	【住所】	【最寄り駅または電話番号】	【地図】
八坂神社	東山区祇園町北側６２５	市バス「祇園」	地図④参照
志明院	北区雲ヶ畑出谷町２６１	京都バス「岩屋橋」	
勧修寺	山科区勧修寺仁王堂町27・６	地下鉄東西線「小野」駅	地図⑱参照
龍安寺	33ページ参照		
法金剛院	右京区花園扇野町49	市バス「花園扇野町」	地図②参照
智積院	138ページ参照		
清涼寺	右京区嵯峨釈迦堂藤ノ木町46	市バス「嵯峨釈迦堂前」	地図⑨参照
霊雲院	138ページ参照		
大光明寺	上京区烏丸通上立売東入ル	地下鉄烏丸線「今出川」駅	地図⑥参照
大善寺	伏見区桃山町西町24	地下鉄東西線「六地蔵」駅	
泉涌寺	東山区泉涌寺山内町27	市バス「泉涌寺道」	地図⑪参照
平等寺	下京区松原通烏丸東入上ル因幡堂町７２８	市バス「烏丸松原」	地図⑦参照
大報恩寺	上京区五辻通七本松東入溝前町１３０５	市バス「上七軒」	地図⑤参照
仁和寺	右京区御室大内33	市バス「御室仁和寺」	地図②参照
法観寺	東山区八坂通下河原通東入ル	市バス「清水道」	地図④参照
東寺	南区九条町１	市バス「東寺東門前」	
法輪寺	西京区嵐山虚空蔵山町68・３	阪急「嵐山」駅	地図⑨参照
保津川下り乗船場		JR「亀岡」駅	
清水寺	東山区清水１・２９４	市バス「五条坂」	地図④参照
洛雲荘	北区雲ヶ畑出谷町３４３	０７５・４０６・２２０４	
中村軒	西京区桂浅原町61	０７５・３８１・２６５０	地図⑯参照
鍵善良房	東山区祇園町北側２６４	０７５・５６１・１８１８	地図④参照
都路里	東山区祇園町南側５７３・３	０７５・５６１・２２５７	地図④参照
ぎをん小森	33ページ参照		
三丘園	下京区綾小路通新町西入ル矢田町１２３	０７５・３５１・３３６１	地図⑦参照

5

秋のお客様向けのコース

お寺さんでお月見

京都も九月に入りますと、日中はまだ暑さが残っておりますが、夕方になるとだいぶ涼しくなってきます。

中秋にあたる九月二十日前後は、あちこちでお月見の行事が催されます。よく知られているのは、大覚寺《だいかくじ》の「観月の夕べ」でしょうか。平安時代に嵯峨《さが》天皇がこの地で舟遊びをされた故事にちなんで、大沢池に龍頭船《りゅうとうせん》を浮かべてお月見を楽しむ催しです。船席券が売り出されて、一般の方もご参加いただけますが、船に乗らないまでも、大沢池のまわりでお月見されるだけでも十分風情を味わっていただけるかと思います。

お月見の行事は、ほかの行事に比べると京都でもそれほど定着しているわけではありませんが、この時期に京都に来られたら、楽しみのひとつにされるのもよろしいかもわかりません。

大覚寺のほかには、高台寺や妙心寺の塔頭、退蔵院の観月茶会がございます。

大覚寺で中秋の名月を味わう

また正伝寺では、中秋の名月の前後に、夜間拝観をなさったこともありました。

神社ですと、下鴨神社では平安装束をまとっての雅楽、舞踊の奉納を行う「名月管弦祭」が、上賀茂神社では「賀茂観月祭」が行われ、ご神事のあとに月見団子などのおふるまいがあります。

紅葉の見頃は十一月下旬

地球温暖化の影響なのでしょうか、最近は紅葉がだんだん遅くなっていまして、見頃は、その年の夏の気温などによっても変わってくるようですが、おおよそ十一月下旬頃でしょうか。五十年前は十一月の上旬が見頃だったと聞いたことがありますが、いまはその時期ですと早過ぎてほとんど紅葉はありません。

紅葉というとまず名前が出るのが東福寺ですが、こちらはもう毎年ものすごい人出です。境内に二千本の楓《かえで》があって、それはとても見事ですけれども、「よくこれだけの人が来られる」と、地面から湧いてきたのかと思うほどですね。拝観

人は非常に多いが、やはり見事な東福寺の紅葉

券の売り場もすごい状況でして、ディズニーランド形式に並んでおられて、それはもうスペースマウンテンどころではない行列です。

それでもやはり東福寺の紅葉はすばらしいですので、お出かけになる場合は、なるべく朝早めに、できれば八時半の開門前から待機されるのがよろしいかもしれません。

紅葉が美しい名刹といいますと、東福寺のほかには、永観堂《えいかんどう》、光悦寺《こうえつじ》、高雄《たかお》の神護寺《じんごじ》、嵐山の天龍寺《てんりゅうじ》、常寂光寺《じょうじゃくこうじ》あたりでしょうか。

大原にも紅葉が美しいお寺さんがありますね。有名なところでは三千院《さんぜんいん》。こちらは朝八時半から開門されます。大原は京都市街から距離がありますので、八時半にどっと人が押しよせるということはあまりありません。大原がお好きな方でしたら、あのあたりの民宿に泊まられて、開門と同時に行かれたら、比較的ゆっくりとごらんいただけるのではと思います。

十一月の京都は一年のなかでもお客様の多い月ですが、混雑しているというのは、皆さんがいいと思われているということですので、人出が多いことはあまり

三千院は、比較的ゆっくりと紅葉を楽しめる

どうこう思われずに、美しいものを見て美しいと思う、そんなふうに自然に楽しまれるのがいいのでは、と思います。ですので、事前に「ここは混んでます」ということは、ふだんはお客様に申し上げないようにしております。

ところでこれは私個人の意見ですが、正直なことを言いますと紅葉だけでしたら、京都よりも十和田湖《とわだ》の紅葉のほうがずっとすばらしいと思います。私、いちど十和田湖に行きまして、こんなにきれいな紅葉があるのかと感激しました。

京都の場合は、紅葉にお寺さんなどがうまく調和していて、そこのところを楽しんでいただくのが、秋の京都のおもしろいところなのかもしれません。

静かに秋を味わえるお寺——光明寺・蓮華寺・圓通寺

いかに秋の京都にお客様が多いとはいえ、そんななかにあってわりあいと静かに過ごしていただけるお寺さんもございます。

たとえば春の章でも挙げた長岡京の光明寺。やはり京都市街からすこし距離が離れますと、人が少ないということがありますね。総門をくぐると女人坂という参道に入りますが、これが「もみじ参道」と呼ばれるほど。両側に見事な大木が連なり、紅葉のトンネルのなかを歩いているような心地になります。境内のなかも、鮮やかな赤に染まり、うっとりとするようです。

光明寺では、十一月二十五日の夜に「もみじと声明《しょうみょう》の夕べ」という催しをなさっているそうです。ろうそくでお庭の紅葉と竹を照らし、仏教音楽である「声明」とともに静かなひとときを過ごしていただくといった趣向のようです。

梅雨の章でご紹介した蓮華寺も、秋はお茶室から眺める紅葉がとても素敵ですが、比較的お人が少ないのではと思います。

こちらの紅葉は「額縁紅葉」とも呼ばれていますが、お座敷から眺めますと、池泉庭園を紅葉が彩る景色が、ほんとうに絵画を見ているかのような見事さです。こぢんまりとした、どちらかというと地味なお寺さんですが、なんともいえない味わい深さがあります。

丹精こめられたお庭を眺めながら、ただぼんやりと過ごす。そんな贅沢《ぜいたく》な時間を楽しんでいただけるお寺さんのひとつではないでしょうか。

それから圓通寺《えんつうじ》。こちらは京都で唯一、ガイドやドライバーが一切入れないお寺さんです。私は休みの時に伺ったことがありますが、カメラは持っていたらいかん、とか、子供はダメ、とかいろいろと決まりごとがありましたので、お人は多いのですが、そういった意味では静かですね。騒いでいましたらご住職が飛んできて、出て行け、と言われたりしますのでね。

こちらのお庭は、比叡山を借景にした見事な枯山水のお庭で、杉木立を正面に、左右に楓があしらわれています。すこし身を引いて眺めますと、まるで一幅の絵を見ているようなすばらしさで、楓が色づいたときの景色もまた趣き深いものがあります。

ただ残念なことに、最近になって圓通寺周辺の宅地開発が許可され、マンション建設などが相次ぎ、いずれはお庭からの比叡山の眺めが建物に遮られてしまうことになるようです。これを受けて、ご住職もカメラを解禁にされたそうです。聞くところによりますと、「美しい姿を、多くの方の手で写真におさめてもらいたい」というお気持ちがあったそうです。それにしましても、あの得がたい借景庭園が、このようなかたちで損なわれることになるのは残念なことと思います。

桜と紅葉を一緒に楽しむ

さきほど三千院の話が出ましたが、大原では実光院《じっこういん》もおすすめです。実光院は、瀬戸内寂聴《せとうちじゃくちょう》さんが得度《とくど》されたところでもあります。こちらのお庭には、紅葉もありますが、一年中花を咲かせている不断桜という桜の木があります。桜と紅葉を同時に見ることができるのです。実光院はいつ伺ってもお人が少ないので、お庭を眺めながら、静かに過ごしていただくことができるかもしれません。

実光院は「天台声明」を代々伝承してこられているお寺で、寂聴さんも手ほどきを受けられたことがあったそうです。現在のご住職も国内外の声明コンサートにお出になっておられるようです。

宇治のほうでしたら、興聖寺《こうしょうじ》という禅宗のお寺はいかがでしょうか。こちらは境内のお庭もいいのですが、なんといってもお寺に行くまでの参道、「琴坂」の紅葉がきれいです。参道の脇を流れる小川が、まるで琴のような美しい音色をたてるということで、「琴坂」と呼ばれているのだそうです。

宇治は河原沿いに桜と紅葉をうまい具合に植えていますので、春も秋もどちらも楽しんでいただけるかと思います。また宇治十帖《じゅうじょう》の舞台となった源氏物語ゆかりの地で、ご興味のある方には「源氏物語ミュージアム」などもおもしろいかもしれません。源氏物語の宇治十帖や光源氏の世界を展示や映像でごらんいただけたり、源氏関係の資料を集めたライブラリーなども設置されています。

市内の穴場――妙覚寺

これまで市街から離れた場所をご紹介してきましたが、じつは京都市内で、ほんとうは内緒にしておきたい秘密の穴場があります。西陣にある妙覚寺《みょうかくじ》という日蓮宗のお寺さんです。

桜と紅葉を同時に楽しめる実光院

戦国武将との関係が深く、伊達政宗《だてまさむね》や織田信長《おだのぶなが》も宿舎にしていたことがあったそうです。ガイドブックなどでもあまり紹介されておりませんので、観光のお客様はほとんど行かれないお寺さんで、ここはほんとうに穴場といえると思います。

表門は聚楽第《じゅらくだい》の裏門を移したもので、そこをくぐると広々とした境内。お庭はたいへんシンプルで、苔の緑に楓の木が植えられている。自然体の紅葉といいますか、ただ植わってるだけ、という感じの楓ですが、それがなんともよろしいのです。ちょうど見頃の時期に行かれますと、じつにきれいです。お寺の方がお茶とお煎餅でもてなしてくださるのも、ありがたいことです。

ただ、観光客を主眼としたお寺さんではないだけあって、写真撮影を目的にした拝観はお断りになられているそうです。あくまでも仏様を尊ぶ気持ちを重んじておられるのでしょう。どちらのお寺さんでもそうですが、お庭に進まれる前に、まずは本堂でご本尊に合掌をしていただけましたら、ありがたいことと思います。

ビッグネームな穴場も

たいへんよく知られたお寺さんでも、秋のシーズンに意外に人出が少ないところがあります。

そのひとつが、豊臣秀吉が畿内各国から七百本の桜の木を集めて豪勢な「醍醐《だいご》の花見」を行った地として知られる醍醐寺。

ここが紅葉の頃は、案外とお人が少ないのです。京都市街から距離があることもありますが、皆さん、醍醐寺というと「醍醐の花見」から「桜」のイメージがあまりにも強いようで、そのために見過ごされがちなのですが、じつは紅葉もとても美しいのです。なかでも三宝院《さんぼういん》庭園の紅葉は見ごたえがあると思います。

人がたくさんおられても、大きい、広い広い境内ですので、それほど混雑している印象はありません。平地の下《しも》醍醐と、山の上の上《かみ》醍醐にわかれておりまして、ご本堂は上醍醐にありますので、ご本堂をおまいりされる場合は一時間以上山道を登っていただくことになります。麓《ふもと》には杖が置いてありますけれど、ヒールなどで行かれたらたいへんですので、お履物には注意されたほうがよろしいでしょう。

これもまた意外なようですが、龍安寺の紅葉もすばらしいのです。鏡容池周辺はもちろん、庫裏《くり》に進む石段のあたりや方丈のまわりなど、境内にたくさんの楓がございますので、紅葉の赤と黄色がかさなりあい、どこを歩いていても深い秋の風情を感じます。何度も申し上げてしまいますが、龍安寺はいつ、何度お訪ねしても、いいお寺さんだなあ、と思います。

新しいお祭り、時代祭

十月二十二日は「時代祭」がございます。これは平安神宮のお祭りで、「葵祭」「祇園祭」とともに京都三大祭のひとつですが、明治時代に始まった非常に新しいお祭りです。

一八九五年、内国博覧会が開催されましたが、もともとこれは、その前年の一

市内で紅葉をじっくり鑑賞できる妙覚寺

醍醐寺・三宝院庭園の紅葉も見ごたえがある

八九四年に計画されていたものだそうです。七九四年に平安京が誕生してから建都一一〇〇年の記念にと考えられていたのですが、その年に日清戦争が起こったために延期になったわけです。しかも戦費を使っていますから、こちらには予算が十分に下りず、本来は七九四年に京都の、いまでいうと千本丸太町《せんぼんまるたまち》あたりにあった御殿をそのままそっくり復元しようという計画だったのを、費用の都合で八分の五に縮めたのがいまの平安神宮だそうです。

いまでいうと万博のパビリオンみたいなものだったそうで、当然のことながら博覧会が終わったら取り壊す予定だったのですが、あまりにも建物がいいのでそのまま残そう、それなら神宮に改めようということで平安神宮となったそうです。もともと鳥居もなかったそうでして、鳥居は昭和になって造られたものです。

そんなわけですから、神宮としてはほんとうに新しい神宮で、特に氏子もありませんで、京都市民が氏子のようなものです。時代祭の行列をされる方、あれはほとんど町内の自治会の役員さんですね。町内会長が輿に乗っておられたり、町の役員さんがまわりを固めて歩いておられたり、そんなことですね。

時代祭の楽しさ

時代祭と申しますから、その名のとおり平安から幕末までの人物や風俗が順々に行列していきます。約二千人、二キロにわたる時代装束の行列ですので、たいへん壮観です。楠木正成《くすのきまさしげ》公がいたり、豊臣秀吉公がいたりと。札を持っておられるのですぐに誰がどなたかわかります。町内会の方が中心のようですが、花街の芸妓さんもよくお出になっていますね。静御前《しずかごぜん》をなさっていたりします。「紀貫之《きのつらゆき》の女《むすめ》」ということで、梅の枝を持ってるお嬢さんがおられますが、これにはあるお話がございます。

平安神宮には右近の橘、左近の桜が植わってるんですが、平安京の当時の御所は、桜ではなくて梅が植えられていたそうです。当初の京都御所は、右近の橘、左近の梅だったのです。しかし現在の御所に植えられているのは桜ですから、結局、現在の御所と同じように桜を植えたらしいです。当時のままに復元しようとしたのならば、本当ならば梅にしないといけないと思うのですが……。

御所の梅がどうして桜に変わったかというお話ですが、十世紀、村上《むらかみ》天皇の頃に御所の梅が枯れてしまいまして、「どこかから梅を探して来い」ということになったそうです。そうしましたら、右京にある家の梅がいいから、それを譲れということになったわけです。勅命ですから、嫌でもお譲りするしかありません。でも悔しかったのでしょう、その家の娘さんが歌をしたためて、枝に結びつけておいたのだそうです。

梅の花がいよいよ咲いたとき、村上天皇がふっと見ると短冊がかかっていまして、それを見ましたら、「勅なればいともかしこし鶯《うぐいす》の宿はと問はばいかが答へむ」、つまり、「天皇陛下のご命令であれば喜んで梅の木をさし上げますけども、鶯が訪ねて来て私のお宿はどこへ行ったんですかと聞かれたときに、どのようにお答えしたらいいでしょうか」と書いてあったんですね。それが鶯宿梅《おうしゅくばい》のいわれです。

「時代祭」梅の枝を持つ、紀貫之の女《むすめ》

織田信長上洛の姿も

村上天皇もそれでハッと気づいて、何と自分は愚かなことをしたのか、この木は返してやれとおっしゃって、元の場所にお戻しになりました。そうして村上天皇は梅のかわりに桜を植えられたということです。それが古典『大鏡』に記された、紀貫之の女《むすめ》ということであると。梅のほんとの小さな枝を持って行列に入っておられます。

こんなふうに行列に出てくる人物のひとりひとりに物語がありますので、見ていますとたいへんにおもしろいです。

行列は正午に京都御所を出発して、烏丸御池、京都市役所前、東山三条を通って、約二時間半かけて平安神宮へと向かいます。京都御所、御池通、神宮道の三箇所に有料観覧席が設けられますが、観覧席を事前に申し込まれる場合は、京都御所のお席が一番ごらんになりやすいかと思います。

観覧席をおとりにならない場合は、御池通のあたりで見物されるのをおすすめします。

秋の美食、謎の名店

大原の北、古知谷《こちだに》という人里離れた場所に、松茸で有名なお店があります。松茸の頃だけやってらっしゃる「紫雲《しうん》」さんというお店ですが、こんなことを言ってはなんですけれど、見た目はほんとうに「こんなとこ？」と思うようなところです。私はなかに入ったことはないのですが、行かれた方の話を聞いても、最初は、「ほんとに大丈夫かな」と思ったというようなお店なんですが、先付けに蒲鉾《かまぼこ》がそれだけボンと板付きのまま出てきて、「へえ」っと。でもあとから伺いますと、「よかった」とおっしゃるんですね、皆さん。「こんなとこで何を食わすんや」というところを先に演出しておいて、でも最後に皆さんにこやかに満足されている。あれはすごいな、と思いますね。

どこから聞きつけられたのか知りませんけど、いろんな方がよく紫雲さんに行っておられますね。うちの車もよく呼んでいただきます。私たちはお客様から直に評判を聞くわけですけれど、その評判が非常にいいんです。がっかりしたという方は一人もおられません。店構えはほんとうにびっくりするようなお店ですね。でも皆さん、感激して帰ってこられている。お店の方の対応なども、とてもきちんとなさっておられるようですね。

秋は栗のお菓子もいろいろございます。よく知られたところでは、「若菜屋」さん、「若狭屋」さんなど。

栗を細かく砕いてそこに餡《あん》をくるめて、「栗の子」というお菓子を出している「喜久屋」というお店があります。金閣寺のすぐ近くにありますけど、行かれればすぐわかります。「ここの前、車を止めるな」って書いてありますので。こちらはすべて予約販売で、確かに美味しいです。蓋《ふた》を開けますと、「今日食べたら美味しい、明日食べたら味半分しか保証しない」とか書いてありまして、たくさん買うと「そんなに買ってお前、食えるのか」と言われそうな雰囲気がありま す。前に買いに行ったとき、なにかほんとうに恐縮して「じゃあすこし分けていただきます」、そんな感じなんです。京都はそんなお店がけっこうありますね。でもそこちらが「買わせていただきます」と言わなくてはいけないような……。でもそれだけのことはあります。

京都の和菓子屋さんは、お留め菓子、というのでしょうか、一般に小売はせずに決まったところにだけおさめていたお菓子屋さんが、マスコミで話題になっていまではすっかり行列ができるお店になってしまった、というところもあります。

テレビに出てちょっと有名になって、自分が偉くなったように御主人が思われたら、そのお店はやはり没落していきますので、時間がたってもお店が続いているようでしたら、ああ、ここはきちんとされているんだな、と思いますね。

ドライバーのひとり言 その5

ようおのぼりやして……

京都というところは、なかなか気位の高いところです。

昔、祇園で東京から来られたお客様に、すでにそのことは知っているんですけれども、わざと「どこからおい（おいで）やしたんどすか」と聞いて、お客様が東京からと答えたら、「そうどすか、ようおのぼりやしておくれやしたな」という言い方をするんです。

つまり「こっちが上《かみ》なんだよ」ということを遠まわしに言うわけですね。たぶん「この田舎者が……」と言うてるんでしょうね。

「えべっさんどすか」という表現もございますね。えべっさんというのは、七福神の恵比須さん。恵比須さんというのはお耳が遠いそうで、拝むときも正面で拝んだあと、本殿の横にまわって戸板をガンガン叩かなくてはいけないそうです。

「あんさん、えべっさんどすか」と言われたら、何かいい意味にとってしまいますけれど、実際は「私の言うことが聞こえてないのか」という意味なんですね。

京都の言葉というのは、柔らかいんですけれど独特のニュアンスがあって、じつはかなりしっかりきつく言うてますね。

＊この章で紹介したスポット＊

【名前】	【住所】	【最寄り駅または電話番号】	【地図】
大覚寺	右京区嵯峨大沢町4	市バス「大覚寺」	地図⑨参照
高台寺	138ページ参照		
退蔵院	138ページ参照		
正伝寺	112ページ参照		
下鴨神社	112ページ参照		
上賀茂神社	112ページ参照		
東福寺	138ページ参照		
永観堂	左京区永観堂町48	市バス「南禅寺」	地図③参照
光悦寺	北区鷹峯光悦町29	市バス「鷹峯源光庵前」	
神護寺	右京区梅ケ畑高雄町5	市バス「高雄」	
天龍寺	右京区嵯峨天龍寺芒ノ馬場町68	市バス「嵐山天龍寺前」	地図⑨参照
常寂光寺	右京区嵯峨小倉山小倉町	京都バス「嵯峨小学校前」	地図⑨参照
光明寺	112ページ参照		
三千院	左京区大原来迎院町540	京都バス「大原」	地図⑩参照
圓通寺	左京区岩倉幡枝町389	京都バス「円通寺道」	地図⑫参照
実光院	左京区大原勝林院町187	京都バス「大原」	地図⑩参照
興聖寺	宇治市宇治山田27	京阪「宇治」駅	地図⑰参照
宇治源氏物語ミュージアム	宇治市宇治東内45・26	京阪「宇治」駅	地図⑰参照
妙覚寺	上京区新町通鞍馬口下ル下清蔵口町135	市バス「天神公園前」	地図⑤参照
醍醐寺	伏見区醍醐東大路町22	地下鉄東西線「醍醐」駅	地図⑱参照
龍安寺	33ページ参照		
平安神宮	左京区岡崎西天王町	市バス「京都会館美術館前」	地図③参照
若菜屋	上京区千本丸太町下ル東入主税町1129	075・841・3357	地図①参照
三條若狭屋	中京区三条通堀川西入ル橋西町675	075・841・1381	地図①参照

6

冬のお客様向けのコース

冬の禅寺はいい!

冬の京都は、しん、としています。ほかの季節とはまず空気が違います。私が特に好きなのは二月頃。たいそう寒いですけれど、冷たい水で顔を洗ったら、それですきっと目が覚めます。春などは何かだらっとしてしまって、こんなわけにはまいりません。

でも「京の底冷え」とは言われますが、近年はだいぶ暖かくなったと思います。気温でいうと、マイナスまでは下がりません。低いときでせいぜい、一、二度でしょうか。

私らの子供のころは、とてもこんなものではありませんでした。話そうとしたって話せない。寒くて口が噛《か》み合わなくて、喋ろうとするんだけど、言葉にならない。「あわわわ……」という感じです。しもやけもたいへんでした。いまのお子さんがたは、栄養がいいこともあるんでしょうが、しもやけになった話など、とんと聞かなくなりました。

冬の南禅寺は特にすばらしい

寒いといえば、これはお医者さんから聞いた話なんですけれど、お寺さんは寒いので痔《じ》になる人が多かった、だから「痔」はやまいだれに寺と書くんだ、と聞きました。ただこれ、ほんとうかどうかはわかりません。

冬のお寺、特に禅寺はすばらしいです。身も心も引き締まるようで、それでいて精神を集中したら寒くないと感じますね。京都の禅寺というと、臨済宗の南禅寺、大徳寺、妙心寺、建仁寺《けんにんじ》、それから東福寺など。冬のしいんとした空気に、禅寺のシンプルなお庭はとてもよく調和すると思います。冬のお寺では、とても豊かな時間を味わっていただけると思います。

南禅寺のいいところは、お寺が閉まっても境内は開けてありますので、閉門の午後六時を回ってもまだ明るければ十分楽しんでいただけることですね。警備上は、本来は入ってはいけないのかもわかりませんけども、何もおっしゃいませんしね。開放的なお寺さんです。ハイヤー、タクシー限定ですけれど、車もどうぞ自由に置いてください、エンジンだけ切ってくださいよということで、時々お言葉に甘えさせていただいております。

大徳寺の塔頭《たっちゅう》で庭とお茶を楽しむ

大徳寺もいいお寺さんです。二十二の塔頭寺院があるのですが、ひとつひとつのお寺がどれもいいのです。常時公開されているのは四箇寺ですが、どのお寺さんも素敵です。公開されてらっしゃるのは、高桐院、大仙院《だいせんいん》、瑞峯院《ずいほういん》、龍源院《りょうげんいん》。

大仙院の方丈は禅寺としては日本で一番古いもののひとつで、十六世紀初頭の建築で、国宝に指定されています。お庭は雄大な気風の枯山水庭園、狩野元信《もとのぶ》の「花鳥図」なども所蔵されておられます。またこの寺の住職だった沢庵《たくあん》和尚が、宮本武蔵《みやもとむさし》に剣の奥義を指南したという有名なエピソードも残っています。

こちらには尾関宗園《おぜきそうえん》さんとおっしゃるたいへんユニークなご住職がおられます。本もたくさん書いておられて、お寺におられるときはサインをしてくださったり、お話をしてくださったりします。偉いお坊さんなんですが、ちょっとエッチなこともおっしゃって、おどけたりされて、偉い方ほど、ああいうことがさらっとおできになるんだなあと思います。

瑞峯院は、キリシタン大名の大友宗麟《おおともそうりん》の菩提寺です。こちらにふたつの枯山水庭園がありまして、ひとつは方丈前の「独坐庭」。蓬萊山《ほうらいさん》式といわれる形式で、豪快な石組と白砂で、荒れ狂う海のなかにすっくとそびえる蓬萊山を表し、厳しい大自然の姿を表現したものといわれています。もうひとつは重森三玲作の「閑眠庭」。こちらは石組によって十字架を表した、キリシタン大名ゆかりの寺にふさわしいものといえるのではないでしょうか。同じ枯山水でもまったく雰囲気が異なるふたつのお庭ですが、どちらも清々《すがすが》しさにあふれていて、禅寺らしいお庭と思います。

こちらでもお部屋でお茶をいただくことができますが、ご一緒にいただくお干菓子には大徳寺納豆が入っています。大徳寺納豆は、名前が表すとおり、大徳寺の古くからの名物で、「一休さん」の一休禅師が中国・宋の製法でつくりだした大豆の加工食品。塩味のきいた独特の味わいです。禅のお茶席や精進料理によく用いられる食材です。

龍源院にも、「阿吽《あうん》の石庭」「龍吟庭《りゅうぎんてい》」「東滴壺《とうてきこ》」という、タイプがことなる三

瑞峯院の独坐庭は、いかにも禅寺らしい

つの禅庭があります。それぞれたいへん小さく、たいへんシンプルなお庭ですが、そこにこめられた深い意味を考えさせる力があります。

ときどき「京の冬の旅キャンペーン」で、この四箇寺以外のお寺も公開されることがあります。最近ですと、大河ドラマに登場した前田利家《まえだとしいえ》の正室、まつの墓がある芳春院《ほうしゅんいん》が公開されておりましたね。塔頭ではなくて、大徳寺本坊そのものが公開されることもあります。

こういった特別公開があるのは、京都にお客様が少なくなる夏と冬です。お客様が少なくなる時期にあわせて、京都市観光協会がいろいろと企画を考えておられるわけです。

ところで、ほとんどのお寺さんは暖房をなさっておりませんので、足下は温かく、厚手の靴下や貼るカイロをご用意されることをおすすめします。

雪の日もまたいい

冬の龍安寺で、こんな経験をしたことがあります。その日、まったくそんな気配はなかったのですが、たまたま龍安寺に行っているとき、雪がさらさらと降ってきて、雲がすうっと出てきて。あのときはほんとうに感激しました。ぜんぜん寒さを感じなかったですね。石庭に少しずつ降り雪が積もっていく様子。ほんとうにすばらしかったです。

あのときの記憶がありましたので、雪が降ったときに龍安寺さんに行ってみたのですが、お庭がすっぽりと、すべて雪で覆われてしまって、何も見ることができませんでした。理想的な降りかたというのも、なかなか難しいですね。ちょうどいい頃合のときに拝見しようと思ったら、これはもう龍安寺の近くに住むしかないかもしれません。

お客様のなかには、京都に雪が降ったと聞いたから来た、という方もおられます。ただ京都の雪は長持ちしませんので、雪が降ったからといって来られたのではもう遅いですね。いらっしゃるまでに溶けてしまいます。運がよろしいと、十二月の初旬頃、まだ紅葉が残っている金閣寺に雪が降る、ということがときどきありますが、これは一番の景色ではないかと思いますね。

ところで一年に何回か「ああ、京都に生まれてよかったな」と思う瞬間があります。「こんなにきれいな町なんか」と思って。雪の日など、山並みがほんとうにくっきりと見られるときがあります。鴨川の堤を車を走らせながら「ああ、きれいやなあ」とうっとりします。いつも見ているような山なんですけれど……。

雪が降った日に、清水寺など高台から雪化粧をしたお山や街の様子を眺めていただくのもよろしいかもしれません。そのほかにも、これまでお話しさせていただいたように、お部屋でお抹茶をいただきながら、のんびりお庭を眺めることのできるお寺さんなどもたくさんあります。ぜひ冬の一日を、のんびり過ごしていただけたらと思います。

博物館でのんびり

ご希望によってはお客様を博物館にご案内することもあります。京都には小さな博物館はいろいろとありまして、土地柄、茶道関係の美術館もたくさんございます。

高倉三条の京都文化博物館もおすすめです。もとは日本銀行京都支店だった煉《れん》瓦《が》造の建物をリニューアルしたものですが、一階は銀行だった当時のままになっていまして、金庫室が喫茶店になっています。ここはお好きな方が多いですね。コーヒーを、いい器で飲ませていただける。京都は案外とそういうお店が少ないんです。ここは皆さんに評判がよろしいですね。ゆっくりと過ごしていただけると思います。この博物館は歴史がお好きな方にはおもしろいと思いますし、あのあたりはいろいろとお店もありますので、お買い物も楽しんでいただけると思います。

そのほかのおすすめは、個人の茶道美術館ですけれど、東山二条にある細見美術館。こちらには古香庵《ここうあん》というお茶室がありまして、お願いをすればお手前も拝見できます。お茶碗のまわしかたですとか、お作法もすべて教えてくださいますので、ご心配なく楽しんでいただけるかと思います。

着物の関係では西陣織会館があります。十五分ほどの着物のショーがありまして、この頃は中国や台湾の方が多いようですね。無料ですが、なかなか見ごたえがありますね。

西陣織会館でおすすめなのは物販コーナーでしょうか。百貨店などに比べると、値段的にもお安いですね。たとえばネクタイでちょっとだけ傷の付いたB級品。どこに傷がついてあるかといっつも思うんですが、それが千円とか千五百円。定価では五千円、一万円といった商品らしいので、いい柄もありますし、お買い得です。ご自身やご家族用にはこれで十分かもしれません。

日本銀行の建物をリニューアルした京都文化博物館

金庫室が喫茶店になっている

町家で遊ぶ

室内で過ごす、ということで、町家をひとつご紹介するとしたら、新町通り六角下ルの「無名舎《むめいしゃ》」さんでしょうか。もともとは白生地問屋さんをしておられたそうなんですけれど、いまは普通のお住まいです。実際に持ち主が住んでおられますが前もって申し込めば、見学をさせていただけます。ファクシミリでも予約できますが、その場合は候補の日を何日かお書きになったほうがよいかもしれませんね。家のなかをゆっくり見せていただけて、お茶もご用意くださいます。昔の町家を見せていただくのは、なかなかおもしろいですよ。
「無名舎」さんの近くには、これも町家を利用したお店ですが、「紫織庵」さん、「四君子」さんという和装関係のお店があります。

町家を利用した料理屋さんというのもいろいろとございますね。最近では町家に泊まれるところもあるようです。中庭に露天風呂を造ってみたりとか、いろいろ趣向を凝らしておられるようです。そのうちに町家のウィークリー・マンションなんかも出てくるかもわからないな、と思っていましたら、実際にそういったところもあるそうです。

町家の保存運動は、どういうわけか日本人よりも外国の方が熱心にやっておられるように思います。たとえば、関西のテレビによく出ておられるジェフ・バーグランドさんという方は、木屋《きや》町通りの町家を買って住んでおられます。

その方のお話では、町家は閉め切ったらダメなんだそうです。閉め切らないでいるから、自然に風が通って、その家そのものがいわば煙突の役割を果たして、スーッと冷気が煙のように行き渡ると。虫が飛んで来たらそれはよろこばないかん、町家が息をしてるからという、そういう言い方をされますね。エアコンのある部屋もあると思いますけど、たぶんエアコンは夏でも使っておられないでしょうね。川の畔は風があればほんとうに涼しいですからね。

冬は冬で寒いですけど、それはそれできちんと閉め切られるようになっております。また、明かり取りなども格子を工夫されていまして、夜と昼とでちゃんと開け閉めができるようになっているのです。

八坂神社の「をけらまいり」

大晦日《おおみそか》は八坂神社の「をけらまいり」の日です。「をけら」という植物があるらしくて、それを燃やすことから「をけら火」というのだそうです。大晦日に八坂さんでいただいた「をけら火」を火種にして、お雑煮《ぞうに》を炊くと一年間無病息災で過ごせるということです。ただ昔は七輪などがありましたけれど、いまはそんなものはありませんので……。

その「をけら火」ですが、縄《なわ》に火種をいただいて、それが消えないように縄をくるくる回しながら家まで帰らなくてはいけません。昔は電車のなかでもオッケーでして、京阪電車のなかで、火種がついた縄をくるくる回している人がいました。いつの頃からか禁止になったのですが。

私が子供の頃ですが、毎年大晦日に父親と一緒に八坂神社にまいりまして、をけら火をいただくのが習慣でした。そのあといつも、屋台のおそばやさんでおそばを食べるのですが、食べているあいだ、おそばやさんがをけら火をくるくる回

西陣織会館の着物ショーは見ごたえがある

物販コーナーもおすすめ

してくれたのが記憶に残っています。「ああ、回しておいてあげるから、食べ、食べ」と言ってもらって。こちらは回していたら食べられませんのでね。のどかな時代だったなあと思います。

いまももちろん「をけらまいり」の行事は残っています。考えてみたら、電車のなかで火がついた縄をくるくる回しているなんて、危険きわまりないですね。いまですと、まわりのことなんて気にしていない人が多いですから、そんなんしてようが、誰かに当たろうが関係ない、ということになりかねません。昔はそれなりに人に対する思いやりもあったでしょうし、それだからこそうまくいっていたんでしょうね。

京都のお正月

お正月は私の家も京風の白味噌のお雑煮で始まります。

京都のお正月の行事でよく耳にするのが、七つの社寺を巡って、七福神をおまいりする、というもの。いくつかパターンがあるのですが、なかでも馴染みがあるのは「都七福神めぐり」と呼ばれるコースです。

まわる順番は自由ですが、恵美須様は恵美須神社、大黒様は松ヶ崎大黒天、弁財天は六波羅蜜寺《ろくはらみつじ》、毘沙門天は東寺、布袋様はすこし離れていますが黄檗山《おうばく》の萬福寺《まんぷくじ》、福禄寿は赤山禅院、寿老人は寺町の革堂《こうどう》、といった顔触れです。

それぞれのお寺さんで御朱印をいただいて、つつがなく新しい年を過ごせるよう祈願するという、おめでたい行事です。車でしたら一日で回れる範囲ですし、「都七福神をめぐるバスツアー」といったものもございます。

冬の美味しいもの、あれこれ

冬はぜひ、おでんなどいかがでしょう。

おすすめは何軒かありますけど、有名なのは「おいと」さん。場所は祇園の四条切り通し上ル。「権兵衛」さんというおうどん屋さんのお隣です。場所的にはとてもわかりやすいところですが、残念なことに夜は一見のお客様は入れないそうです。最初はどなたかの紹介で行かれるのが一番いいかもわかりません。お昼はどなたでも大丈夫です。

京都のおせち料理に欠かせないのは、海老芋《えびいも》と棒鱈《ぼうだら》を炊き合わせた「いもぼう」。棒鱈というのは、よその土地ではお正月くらいしか出回らないと聞きましたが、京都では一年中売られていて、ふだんからよくお料理に使われています。「いもぼう」は、円山公園にある「平野家」さんで気軽に召し上がっていただけます。あれは美味しいですね。海老芋と棒鱈は「出会いもの」と言われているのですが、それはどういうことかというと、お芋さんの灰汁《あく》が棒鱈を固くしない、棒鱈のゼラチンがお芋さんを煮崩れさせない。お互いの欠点をかばいあっている、お互いに持っていないものを出して一つのものを作り上げるということで、よく新婚旅行の方などにおすすめします。

鰻《う》雑炊も冬にあったかい。これは「わらじや」さんです。でも、あれは皆さん、夏の暑い中であれを食べるのがいいということもおっしゃいますね。予約がなかなか取れないので行列ができていることもあります。

あとはスッポンなど。これは有名な「大市《だいいち》」さんというのがあります。玄関には新撰組が付けた刀傷があったりします。ここのスッポンを食べたら、他のスッポン食べられへんと聞きますね。私は実際は食べたことないですけど、もう、すぐファンになるという方が多いみたいですね。

冬は湯豆腐もいいかもわかりませんね。龍安寺の塔頭、西源院《せいげんいん》さんでも湯豆腐を出しておられます。お庭を眺めながら、「七草湯豆腐」を召し上がっていただけます。これは湯豆腐に、三つ葉、季節の野菜七種と生麩《なまふ》が添えられたもので、彩《いろど》りもとてもきれいです。こちらの湯豆腐に、胡麻豆腐や野菜の炊き合わせなどの精進料理を組み合わせることもできます。

お豆腐といえば、京都には有名なお豆腐屋さんが何軒かありまして、「嵯峨豆腐森嘉」さん、「京とうふ藤野」さん、「とようけ屋山本」さんなど。

「京とうふ藤野」さんでは黒豆で豆腐を作ったりしておられます。お豆腐以外にも黒豆のココアやコーヒー、お菓子などですね。そのほかにも豆腐カフェですとか、いろんなことをやっておられますね。「とようけ屋山本」さんのほうは、豆乳でヨーグルトを作って限定販売で売っておられます。

町中のふだんづかいのお豆腐屋さんでも、有名なところがいくつもありますね。以前、「どっちの料理ショー」で紹介されましたが、お焼きの豆腐が絶品という「入山豆腐店」さん。油小路椹木町《さわらぎちょう》の角っこなんですけども、ほんとうにびっくりするような古いたたずまいのお店です。でも確かにここのお豆腐は美味しい。あのあたりの井戸水もいいのだと思います。

最近お店を出された木屋町の「豆屋源蔵」さん。こちらは聞くところによるとお味噌屋さんのご子息がやっておられるそうです。室町一条にある西京味噌で有名な「本田味噌」さんのご子息だそうで、お味噌もお豆腐も大豆が命ですから、きっといい大豆を使っておられるのだと思います。おもしろい商品があって、お豆腐もたいへん美味しいのだそうです。

ドライバーのひとり言 その6

御婚礼の掟

御婚礼の日、京都ではご自宅でお嫁さんのお支度《したく》をされて、式場に向かわれるということがしばしばあります。手塩にかけた大事なお嬢さんの花嫁姿をご近所の方々にお披露目《ひろめ》をされたいという、親御さんの親心でしょう。

そんなときに、ハイヤードライバーがご用命を受けまして、大きなリムジンを仕立ててお迎えに伺うことがあります。お嫁さんを式場にお送りするのです。

しかしあるとき、困ったことが起こりました。ご存じのように京都は狭い道が多くて、行き違いができない道もたくさんあります。そんな道を進んでいるときに、前のほうから三台、車がやってきました。先頭の車に乗ってるのは、見るからに怖い稼業の男性でした。

御婚礼ですので、バックするのは「戻る」につながり、縁起がよろしくないのです。一瞬どうしようかと思いましたが、気がつくと車を降りて駆け出して、その男性に「誠におそれいりますが御婚礼の方ですので、なんとかバックしていただけませんか」とおそるおそるお願いしたら、その方は「わかった」と言って、すぐに下がってくれました。後ろの車にも「おい、バックせえ」と声をかけて。

あのときは、非常に気持ちがよかったですね。こういう場合、かえって一般の方ですと、必ず一人、二人は渋る方がいらっしゃるんです。さすが、任侠《にんきょう》道の方は、話が早かったです。

＊この章で紹介したスポット＊

【名前】	【住所】	【最寄り駅または電話番号】	【地図】
妙心寺	右京区花園妙心寺町	JR「花園」	地図②参照
建仁寺	東山区大和大路通四条下ル四丁目小松町584	市バス「東山安井」	地図④参照
大仙院	北区紫野大徳寺町54-1	市バス「大徳寺前」	地図⑭参照
瑞峯院	北区紫野大徳寺町81	市バス「大徳寺前」	地図⑭参照
龍源院	北区紫野大徳寺町82-1	市バス「大徳寺前」	地図⑭参照
京都文化博物館	中京区三条高倉	地下鉄「烏丸御池」	地図⑦参照
細見美術館	左京区岡崎最勝寺町6-3	市バス「東山二条」	地図③参照
西陣織会館	上京区堀川通今出川南入ル	地下鉄烏丸線「今出川」駅	地図⑤参照
恵美須神社	東山区大和大路四条南	市バス「四条京阪前」	地図④参照
松ヶ崎大黒天（妙円寺）	左京区松ヶ崎東町31	市バス「松ヶ崎大黒天」	
六波羅蜜寺	東山区五条通大和大路上ル東	市バス「清水道」	地図④参照
萬福寺	宇治市五ケ庄三番割34	JR・京阪「黄檗」	
赤山禅院	左京区修学院開根坊町18	市バス「修学院離宮道」	
革堂（行願寺）	中京区寺町通竹屋町上ル行願寺門前町17	市バス「河原町丸太町」	地図⑦参照
無名舎	中京区新町通六角下ル六角町363	075-221-1317	地図⑦参照
おいと	東山区祇園町北側253	075-561-3575	地図④参照
いもぼう平野家本店	東山区円山公園内知恩院南門前	075-561-1603	地図④参照
わらじや	東山区七条通本町東入ル西之門町555	075-561-1290	地図④参照
大市	上京区下長者町通千本西入ル六番町371	075-461-1775	地図⑤参照
西源院	右京区龍安寺御陵下町13（龍安寺境内）	市バス「竜安寺前」	地図②参照
森嘉	右京区嵯峨釈迦堂藤ノ木町42	075-872-3955	地図⑨参照
京とうふ藤野	33ページ参照		
とようけ屋山本	上京区七本松通一条上ル滝ケ鼻町429-5	075-462-1315	地図⑤参照
入山豆腐店	上京区椹木町通油小路東入東魚屋町347	075-241-2339	地図①参照
豆屋源蔵	中京区木屋町御池上ル	075-253-1155	地図⑦参照

あとがき

京都の春夏秋冬を駆け足でご案内してまいりましたが、いかがでしたでしょうか。ここでお話しさせていただいたことは、あくまで私の経験の範囲内でのことですけれども、すこしでも皆様のご旅行のお役に立てばさいわいです。

エムケイ株式会社に入社いたしまして、今年で二十六年めになります。これまでたくさんのお客様のおともをさせていただきましたが、おひとりおひとり、ご旅行の目的もお好みも異なります。それぞれのお客様のご希望をいかに察し、どのようにおこたえするか、日々気持ちを新たに乗務しています。

「京都に来てよかった。また来たい」と思っていただけるように、精一杯務めさせていただくのを信条にしておりますので、ご案内の際も決してひとりよがりの押しつけにならないようにと心がけていますが、その瞬間瞬間で何がお客様にとっていちばん快適なのか見極めるのは、私にとって永遠の課題といえそうです。いまだに「これだ！」と確信できたことはございません。無限の答えを秘める龍安寺の石庭もそのことを物語っているように思えます。これからもこの答えのない課題を胸に精進してまいりたいと考えております。

この本では子供のときから慣れ親しんだ「私の京都」を、ほんのすこしばかりご紹介させていただきました。いにしえ深い神社やお寺さん、祇園をはじめとする華やかな花街、山々の緑や豊かな清流。京都人の私が申し上げると手前味噌のようで恐縮ですけれど、京都というところはほんとうにさまざまな顔をもつ土地柄です。京都においでくださるお客様おひとりおひとりが、この町に何かしらの魅力を感じていただけましたらたいへん有難く存じます。

皆様のご入洛を心からお待ち申し上げております。

京都の休日を、どうかごゆっくりと、たのしくお過ごしくださいますように。

二〇〇七年三月吉日

中村《なかむら》　壽男《としお》

MKハイヤーについてのお問い合わせは

電話　075-721-2237
FAX075-721-3664
HPアドレス http://www.mk-group.co.jp/

本文レイアウト　静野あゆみ
本文構成　宮脇眞子
地図作製　佐藤加奈子
編集協力　編集館
写真協力　矢島道子

一〇〇字書評

切り取り線

購買動機（新聞、雑誌名を記入するか、あるいは○をつけてください）	
□（　　　　　　　）の広告を見て	
□（　　　　　　　）の書評を見て	
□ 知人のすすめで	□ タイトルに惹かれて
□ カバーがよかったから	□ 内容が面白そうだから
□ 好きな作家だから	□ 好きな分野の本だから

●最近、最も感銘を受けた作品名をお書きください

●あなたのお好きな作家名をお書きください

●その他、ご要望がありましたらお書きください

住所	〒				
氏名		職業		年齢	
新刊情報等のパソコンメール配信を 希望する・しない	Eメール	※携帯には配信できません			

あなたにお願い

この本の感想を、編集部までお寄せいただけたらありがたく存じます。今後の企画の参考にさせていただきます。Eメールでも結構です。

いただいた「一〇〇字書評」は、新聞・雑誌等に紹介させていただくことがあります。その場合はお礼として特製図書カードを差し上げます。

前ページの原稿用紙に書評をお書きの上、切り取り、左記までお送り下さい。宛先の住所は不要です。

なお、ご記入いただいたお名前、ご住所等は、書評紹介の事前了解、謝礼のお届けのためだけに利用し、そのほかの目的のために利用することはありません。

〒一〇一－八七〇一
祥伝社黄金文庫編集長　吉田浩行
☎〇三（三二六五）二〇八四
ohgon@shodensha.co.jp

祥伝社ホームページの「ブックレビュー」からも、書けるようになりました。
http://www.shodensha.co.jp/bookreview/

祥伝社黄金文庫

とっておき京都《きょうと》

平成19年 4 月20日　初版第 1 刷発行
平成27年10月10日　　　第 6 刷発行

著　者　中村壽男《なかむらとしお》
イラスト　すげさわ かよ
発行者　竹内和芳
発行所　祥伝社《しょうでんしゃ》
〒101－8701
東京都千代田区神田神保町 3－3
電話　03（3265）2084（編集部）
電話　03（3265）2081（販売部）
電話　03（3265）3622（業務部）
http://www.shodensha.co.jp/

印刷所　萩原印刷
製本所　ナショナル製本

Printed in Japan　© 2007, Toshio Nakamura　ISBN978-4-396-31431-6 C0195

祥伝社黄金文庫

奈良本辰也
高野澄
京都の謎
これまでの京都伝説をひっくり返す秘密の数々…アッと驚く、誰でもが知っている名所旧跡の謎。

高野澄
京都の謎 伝説編
インド呪術に支配された祇園《ぎおん》、一《いっ》休《きゅう》和尚伝説、祇王《ぎおう》伝説…京都に埋もれた歴史の数々に光をあてる！

高野澄
京都の謎 戦国編
なぜ本願寺は東西に分かれたのか？西陣があってなぜ東陣がないのか？なぜ先斗《ぽんと》町と呼ばれるのか？

小林由枝《ゆきえ》
京都でのんびり
知らない道を歩くと、京都がますます好きになります。京都育ちのイラストレーター、とっておき情報。

杉浦さやか
ベトナムで見つけた
かわいい・おいしい・安い！

人気イラストレーターが満喫した散歩と買い物の旅。カラーイラスト満載で贈る、ベトナムを楽しむコツ。

杉浦さやか
東京ホリデイ
散歩で見つけたお気に入り

人気イラストレーターが東京を歩いて見つけた〝お気に入り〟の数々。街歩きを自分流に楽しむコツ満載。